# よいこの君主論

架神恭介
辰巳一世

筑摩書房

# よいこの君主論【目次】

本文イラスト　川奈梶馬
キャラクターデザイン協力
M.W
天然君ii
マエサキ

# よいこの君主論

# よい子《こ》のみんなへ

この本《ほん》では、クラスを制圧《せいあつ》するために役立《やくだ》つ知識《ちしき》や、下々《しもじも》の者《もの》どもの心理《しんり》などを分《わ》かりやすく解説《かいせつ》しているよ。

2002年《ねん》に目立小学校《めだちしょうがっこう》5年《ねん》3組《くみ》で実際《じっさい》に起《お》こった、クラスの覇権争《はけんあらそ》いのお話《はなし》を題材《だいざい》に、5年《ねん》3組《くみ》のみんながどのような政略《せいりゃく》や姦計《かんけい》を用《もち》い、どのように盛衰《せいすい》していったか、ふくろう先生《せんせい》が詳《くわ》しく教《おし》えてくれるんだ。

そしてそこから、君主《くんしゅ》を目指《めざ》すきみたちにとって、ためになる普遍的《ふへんてき》な真理《しんり》を引《ひ》き出《だ》すことができるよ。

さあ、みんなもふくろう先生《せんせい》と一緒《いっしょ》に、立派《りっぱ》な君主《くんしゅ》になるための方法《ほうほう》を学《まな》んでいこうね。

# 保護者の方へ

マキャベリの『君主論』は１５１３年に書かれ、１５３２年に公刊された大変歴史のある古いテキストです。『君主論』はその名の通り君主のあるべき態度や政策などを論じた、一種の「君主マニュアル」ですが、そこで述べられている人間心理は現代にも通じるところが多く、たとえばビジネス書の分野では「管理職のあるべき姿をマキャベリに学ぶ」といった試みが数多くなされています。マキャベリの『君主論』は遥か昔のカビの生えたテキストではなく、現代にあってもなお説得力を保ちつづけるテキストなのです。

しかし、マキャベリの君主論を現代に応用した書は、著者の知る限りほとんどがビジネス書ばかりです。なるほど、確かにマキャベリをビジネスに応用すれば、社長業の参考にはなるでしょう。ですが、社長になってから君主論を学ぶのでは遅すぎるのです。社長になれるのはほんの一握りの人間だけであり、みなさんの子供が将来社長になれるかどうかは、その子の少年時代によって決まってしまうからです。少年期の学習や経験が、将来へどれほど大きな影響を与えるかは論じるまでもないでしょう。子供の頃から人に仕えることに馴れてしまった者は、大人になっても決して社長にはなれません。また逆に、子供の頃から人の上に君臨していた者は、大人になれば自然と社長になることができるのです。

子育てに真剣に取り組んでいる保護者の方々は、もちろん少年期の学習がその子の将来にどれほど大きな影響を与えるかご存知と思いますし、実際にそのための教育に余念がないとも思います。しかし残念ながら、世の多くの人々はこのような大局的な視点を持ち合わせず、ただ有名私立中学にさえ合格させれば、我が子が幸せな人生を歩んでくれると盲信しているのです。ですが、先にも述べた通り、それだけではその子は決して社長になることはできません。少年期に君主でなかったからです。

ですから、本当に我が子を将来立派な社長にしたいと考えるのであれば、小学生の頃から君主論を学ばせ、君主たるべき態度を実践させなければなりません。少なくとも、自分のクラスの中で覇道を唱え、君主として君臨する程度の力量がなければ、将来社長になることなど到底不可能です。小学校のクラス一つ制圧できないようでは、社会に出てから会社一つ切り盛りしていくなどできるはずがないからです。君主論は小学生の時にこそ読むべき書なのです。

子供のうちから君主論を学ぶことの重要性をご理解頂けたでしょうか。しかし、先にも述べた通り、現在刊行されている君主論の解説書はほとんどがビジネス向けのものばかりで、小学生向けに書かれた本は一冊もありません。そこで、無いならば作ってしまおう、と思い書き上げたのが、この『よいこの君主論』です。本書は小学生の子供たちがクラスで覇権を握るための分かりやすい手引書です。子供たちは楽しみながら、クラスを制圧する方法を学ぶことができるでしょう。保護者の方は、ぜひ子供と一緒に声を出して本書を読んであげてください。本書がみなさんのお子様の覇道の一助となれば幸いです。

---

たろうくん「うーん、困ったなあ」

はなこちゃん「どうしたの？　たろうくん」

たろうくん「ぼく、こないだ4月にクラス替えがあったんだけど、あれからもう二カ月も経つのに、いまだに新しいクラスで君主として覇を唱えることができないんだ」

はなこちゃん「それは困ったわね、『配下の友達』は何人くらいいるの？」

たろうくん「いまは10人くらいかなあ。クラスの4分の1くらいだね。でも、敵対勢力の友達に合併されそうになってるんだ」

はなこちゃん「今がまさに分水嶺って感じなのね。私もちょうど同じくらいの勢力で同じような状況にあるの。でも、私たちしょせん小学生だから、クラスを牛耳るための方法論がいまいち確立できないのよね」

たろうくん「そうなんだ。どうすればいいか良く分からないんだよね。これから、どうしたらいいんだろう」

ふくろう先生「やあ、たろうくん。はなこちゃん。困っているようだね」

**たろうくん、はなこちゃん**「あっ！　ふくろう先生！」

**ふくろう先生**「きみたちが困っているようだから、今日は君主になるために最適なマニュアルを持ってきたよ。マキャベリというおじさんが書いた『君主論』っていう本なんだ」

**たろうくん**「君主論……？　これを読めば僕たちでもクラスを制圧できるんですか？　うーん、だめだ。難しくって分からないや」

**ふくろう先生**「だいじょうぶ。先生と一緒に一章ずつ順番に見ていこうね。その中で、きみたちがクラスを制圧するために必要なテクニックを解説してあげるよ」

たろうくん、はなこちゃん「わあい、ありがとう。ふくろう先生」

# 5年3組のなかまたち

| | | | |
|---|---|---|---|
| ひろしくん（10さい） | 勉強：C＋ | 運動：B－ | 用兵：S |
| | 知力：A＋ | カリスマ：B＋ | 【士気高揚】 |

本作の主人公。５年３組に統一をもたらすべく覇道を歩む小学生。用兵には定評があるものの、勉強や運動の能力がパッとせず、これまではナンバー２やナンバー３の座に甘んじてきた。しかし、春休みにお父さんの書斎で見つけた一冊の本がひろしくんの運命を変えることになる。

| | | | |
|---|---|---|---|
| りょうこちゃん（10さい） | 勉強：A | 運動：A | 用兵：A |
| | 知力：A | カリスマ：S | 【冷気強化】 |

5年3組の女帝。成績優秀、運動神経抜群、可憐な面立ち、人を惹き付けるカリスマを併せ持ち、さらに家が金持ちという完璧超人。1～4年生の間、常にクラスを制覇してきた。吸収合併のスペシャリストであることから「ハイエナりょうこ」と呼ばれ、雪上戦闘を得意とすることから「雪の女王」とも呼ばれる。ひろしくんの前に立ちはだかる最強最大の敵。

| | | | |
|---|---|---|---|
| かおるくん（10さい） | 勉強：A－ | 運動：S | 用兵：B＋ |
| | 知力：B＋ | カリスマ：A＋ | 【ジャンプ】 |

りょうこちゃんの幼馴染で、腹心。全能力的に高いレベルにあるが、あくまでりょうこちゃんの右腕として動く。運動能力はクラスどころか学年通してトップ。容姿端麗で女子からの人気も高い。りょうこちゃんのお隣さんで、家は八百屋を営んでいる。特売日である毎週木曜日はお店の手伝いで忙しい。

| | | | |
|---|---|---|---|
| りょうくん (10さい) | 勉強：D－ | 運動：A＋ | 用兵：D |
| | 知力：D | カリスマ：B－ | 【弱誘惑】 |

5年3組で運動が得意な男の子4人のうちの1人。他の3人はかおるくん、たけるくん、つばさくん。しかし、運動ではかおるくんに一歩劣ってしまう。とにかくすぐに裏切ることで有名で、ちょっとウマい話があればすぐに鞍替えしてしまう。知力も低く、英雄の才略はない。そのため、他の有力者からいいように利用されることもしばしば。ひろしくんはりょうくんに名馬を贈り、裏切りを促すが……。

| | | | |
|---|---|---|---|
| まなぶくん（10さい） | 勉強：S | 運動：E＋ | 用兵：C |
| | 知力：C | カリスマ：B＋ | 【めがね装備】 |

5年3組一学期の学級代表。勉強はできるが運動がダメという、一見すると典型的な学級代表キャラ。しかし、彼の瓶底めがねや坊ちゃん刈りなどのティピカルなファッションは全て計算尽くのことであり、学級代表キャラという演出に過ぎない。現に視力は2.0ある。学級代表の権力をかさに着実に勢力を増していくが、はじめくんの姦計から彼の足場は崩れ始める。

| まあやちゃん（10さい） | 勉強：B－ | 運動：C | 用兵：C |
|---|---|---|---|
| | 知力：B | カリスマ：B－ | 【耐毒】 |

クラスでも目立たない地味な女の子……の演技をしている女の子。その卓越した演技力で、クラスメート全員を見事に油断させている。そんな彼女の本性は遠足で明らかになるだろう。目的のためなら手段を選ばない極悪非道な性格であり、あのりょうこちゃんですら一目置いている程。私生活では劇団に所属しているが、最近悪質なストーカーから紫の薔薇を頻繁に送りつけられて困っている。

| かえでちゃん（10さい） | 勉強：C | 運動：D | 用兵：C |
|---|---|---|---|
| | 知力：B－ | カリスマ：C＋ | － |

これといって目立つところのない女の子。さくらちゃんの仲良しグループの中で、ひっそりとしているように思われたが、実はクーデターの機会を虎視眈々と狙っていた。権力への意志は強いものの、基本的には控えめな大人しい女の子。実はひろしくんのことが好きなのかもしれない。

| | | | |
|---|---|---|---|
| だいきくん（10さい） | 勉強：C－ | 運動：B | 用兵：C |
| | 知力：C－ | カリスマ：C | － |

4月からひろしくんに付き従っている、ひろしくんの側近。運動はそこそこできる方。熱くなりやすい性格。センスを運動量でカバーするタイプ。

| | | | |
|---|---|---|---|
| みのるくん（10さい） | 勉強：C | 運動：C＋ | 用兵：D＋ |
| | 知力：C | カリスマ：C＋ | － |

同じくひろしくんの側近。中性的な容姿と性格により、女の子とも気軽に話せる。ユーモアのセンスもあるので、将来ホストになりそう。情報操作や諜報活動を得意とする。

| | | | |
|---|---|---|---|
| たかしくん（10さい） | 勉強：B | 運動：B | 用兵：B |
| | 知力：C | カリスマ：D | － |

4年生の時、ひとしくんという男の子の仲良しグループでナンバー2だった男の子。5年生になって、はじめて一つのグループをまとめることになったが、すぐに自壊した。能力は高いが、組織のトップを張ることは苦手。副官で本領発揮するタイプ。

| | | | |
|---|---|---|---|
| よしおくん（10さい） | 勉強：C | 運動：C | 用兵：C |
| | 知力：C | カリスマ：C | 【弱精神】 |

可もなく不可もない能力の男の子。いまいち詰めが甘く、煮え湯を呑まされることもしばしば。しかし、行動力は高く、たけるくんを相手に計略を成功させるなど、侮れないところもある。

| | | | |
|---|---|---|---|
| あおいちゃん（10さい） | 勉強：C－ | 運動：B | 用兵：D |
| | 知力：C－ | カリスマ：C＋ | － |

勝気な性格の女の子。とても気が強く、男の子にも平気で文句を言ったりできる。よしおくんを泣かした。

| | | | |
|---|---|---|---|
| たけるくん（10さい） | 勉強：C | 運動：A＋ | 用兵：C |
| | 知力：B－ | カリスマ：B＋ | 【耐冷気】 |

運動ができる男子4人のうちの1人。とても元気な男の子で、真冬でも半袖半ズボンで登校するほど。体力バカではなく、そこそこ頭も切れるが、若干決断力に欠けるきらいがある。

| | | | |
|---|---|---|---|
| つばさくん（10さい） | 勉強：C－ | 運動：A＋ | 用兵：D－ |
| | 知力：C＋ | カリスマ：B | － |

運動ができる男子４人のうちの１人。りょうくんと似たポジションだが、中途半端に頭が切れるため、他の小君主に利用されることもなく、結果として取り残されて割りの悪い思いをすることが多い。何も悪くないのになんだか可哀想な男の子。

| | | | |
|---|---|---|---|
| ゆみこちゃん（10さい） | 勉強：C－ | 運動：C－ | 用兵：D－ |
| | 知力：D＋ | カリスマ：C－ | － |

学校のすぐ近くに住んでいる大人しい女の子。いちおう自分の仲良しグループを持っているが、権力への野望はあまり強くない。しかし、変なところで意地を張る困った面もある。

| | | | |
|---|---|---|---|
| すぐるくん（10さい） | 勉強：E | 運動：D− | 用兵：E |
| | 知力：E＋ | カリスマ：D− | − |

6年生最大の君主であるあたるくんを兄に持つ。兄の威光のおかげで独自の一派を築くことになるが、本人の力量は最低クラス。その上、横暴で調子に乗りやすい性格。どうしょうもない。好物は牛丼。

| | | | |
|---|---|---|---|
| ふとしくん（10さい） | 勉強：D− | 運動：E | 用兵：D |
| | 知力：D− | カリスマ：D＋ | 【耐衝撃】 |

その名の通り丸々と太った男の子。小学5年生にして体重が100キロを超えている。怠惰な性格で、運動も勉強もできないが、のんびりした口調と人懐っこい笑顔でクラスメートの評判は悪くない。「モフー」が口癖。

| | | | |
|---|---|---|---|
| はじめくん（10さい） | 勉強：B | 運動：E− | 用兵：D |
| | 知力：D | カリスマ：D− | 【メガネ装備】 |

ひょろひょろとした男の子。見るからに筋肉がない。実際、クラスで一番運動ができない。塾に通ってるので勉強はそこそこできるが、怠惰な性格は直しようがない。しかし、はじめくんの窮余の一策がまなぶくんを追い詰めることになる。

| | | | |
|---|---|---|---|
| あやのちゃん（10さい） | 勉強：B− | 運動：D | 用兵：C |
| | 知力：D＋ | カリスマ：D＋ | − |

ちょっとだけ小太りの女の子。権力への意志はそれなりに強いが、わかなちゃん共々、まあやちゃんの極悪非道に敗れる。

| | | | |
|---|---|---|---|
| わかなちゃん（10さい） | 勉強：D＋ | 運動：B | 用兵：D＋ |
| | 知力：C | カリスマ：C－ | － |

元気で活発な女の子。しかし、まあやちゃんの極悪非道の前には、彼女の体力も歯が立たなかった。

| | | | |
|---|---|---|---|
| さくらちゃん（10さい） | 勉強：B | 運動：A－ | 用兵：B |
| | 知力：C－ | カリスマ：B－ | － |

全般的に能力の高い女の子。しかし、あらゆる面から見てりょうこちゃんに及ばないのがネック。勝気で高慢なところがある。初期では最大勢力を誇っていたが、かえでちゃんのクーデターにより敗れる。

# その他のうぞうむぞう

あかねちゃん

みさきちゃん

なおきくん

やまとくん

さとしくん

ななこちゃん

しおりちゃん

まことくん

ともこちゃん

たくみくん

ななみちゃん

まなみちゃん

かれんちゃん

さおりちゃん

はやとくん

はるかちゃん

たつやくん

めぐみちゃん

ようこちゃん

# 第1章　君主政体の種類
## ——5年3組の支配者たち

4月です。5年生に進級したひろしくん。教室が変わり、先生が変わり、クラス替えがあり、気分も一新。新しいクラスメートに囲まれ、ひろしくんたち5年3組のみんなは、この時期、野望の炎に我が身を燃えあがらせています。もちろん、他のクラスメート全員を支配しよう、自分がこのクラスの専制君主として君臨しよう、という野望です。

このように、クラス替えの直後は誰もが君主を目指す気概と心意気を持っています。ですが、しばらくすれば、多くの子供たちのメッキは剝《は》がれていきます。ほとんどの子供たちには野望に見合った力量が備わっておらず、意志と力量を併《あわ》せ持ったやり手の子供たちのグループに吸収され、配下として組みこまれてしまうのです。

そうして4月も半ばになったころ、いくつかの「仲良しグループ」が生まれます。力量のある子供たちは「仲良しグループ」と呼ばれる共同体を作り上げ、その頭目、つまり小君主となります。逆に力量に欠ける子供たちは「友達」という名で「仲良しグループ」の構成員として組みこまれるのです。5年3組の君主の座は、この「仲良しグループ」の小君主たちにより争われることになります。

それでは、この時期に生まれた仲良しグループと、その小君主たちを見ていきましょう。まずは、この物語の主人公であるひろしくんのグループです。構成員はだいきくんとみのるくん。ひろしくんはクラス替えのあと、巧みに彼らに接近し、これを配下としました。

同様に、クラス替えのあと、独自で一派を形成したよしおくんグループ（構成員はたくみくん、やまとくん）、あおいちゃんグループ（みさきちゃん、はるかちゃん）、あやのちゃんグループ（ともこちゃん、ななみちゃん）、ゆみこちゃんグループ（ようこちゃん）、わかなちゃんグループ（しおりちゃん）があり、また、さくらちゃんグループ（あかねちゃん、かれんちゃん、かえでちゃん、まなみちゃん、さおりちゃん、めぐみちゃん、ななこちゃん）は8人という大所帯で、この時点では最大の構成員数を誇っていました。ここまでの小君主たちはみな、独力でゼロからグループを形成するだけの力量をもった子供たちです。

他には4年生のときのグループを受け継いだたかしくんグループ（はじめくん、まことくん、はやとくん）、運動神経抜群の活発な男の子3人が結びついたたけるくんグル

DaRK

ープ（つばさくん、りょうくん）、お兄ちゃんが人気者のすぐるくんグループ（ふとしくん、なおきくん、たつやくん）、そして学級代表のまなぶくんグループ（さとしくん）などがありました。

程度の差こそあれ、彼ら小君主はこの半月間、他のクラスメートに接近し、少しでも自分のグループの勢力を拡大すべく行動してきました。しかし、そのような勢力拡大競争には参加せず、在野に身を伏せ、じっと機を窺《うかが》う子供たちもいました。りょうこちゃんとまあやちゃんです。

りょうこちゃんにはかおるくんというスポーツ万能の幼馴染が付いていました。かおるくんという強力な懐刀のおかげで、彼女は急《せ》いてグループを拡大する必要がなかったのです。そして、りょうこちゃんは忍耐強く他の仲良しグループの自滅を待っていました。

りょうこちゃんはこれまでも数々の君主レースを戦い抜いてきた歴戦の猛者です。彼女はその経験から、仲良しグループを維持し続けることの難しさを知っていました。そのため、ゼロからグループを形成することよりもむしろ、崩れかかった仲良しグループに接近し、そのメンバーを巧みに吸収・合併することを得意としていたのです。彼女はこれまでもそうして君主の座を獲得しており、「ハイエナりょうこ」の二つ名を持つほどの女の子だったのです。そして、やはり今回もその機を狙い、表立った活動は控え、他の仲良しグループの動向に目を光らせていたのでした。

そして、まあやちゃんですが、彼女がなぜ機を窺い一人在野に身を置くのかは、まだ誰にも分かりません。しかし、彼女も人並み外れた意志と権力への野望を持った女の子です。何かとんでもない策を持ちあわせているのかもしれません。

主だった登場人物は出尽くし、5年3組は群雄割拠の様相を呈しました。ここから5年3組の覇権を争う熾烈な君主レースが始まるのです。

---

**たろうくん**「うわー、5年3組にはたくさんの僭主が割拠しているなあ。これを統一するのは大変なことだね、ふくろう先生」

**ふくろう先生**「そうだね、たろうくん。でも、ここで注意して欲しいのは、5年3組の仲良しグループには、いろいろなタイプがあるということなんだ。マキャベリも君主論の第一章では様々な君主政体の定義付けを行っているんだよ。たとえばひろしくんやよしおくんは自分の力でゼロからグループを形成した例だから、『新興の君主』

と言っていいだろうね。あと、変り種としては学級代表のまなぶくん。学級代表はクラスメートの投票によって決まるから決め方自体は共和制なのだけど、いったん学級代表になった後は『聖職者による君主制』に変わるんだ。これについては後で詳しく解説するよ」

**はなこちゃん**「グループを受け継いだたかしくんは『世襲君主』、兄の人気で君主になったすぐるくんは『他人の軍備に頼った君主』というわけね。やっぱり、たかしくんやすぐるくんよりも、ひろしくんやよしおくんのほうが偉いのかしら？」

**ふくろう先生**「どのように君主になったかは君主の偉さとは関係ないよ。ただ、仲良しグループを統治する方法は変わってくるんだ。では実際に、彼らがどのようにして自分のグループを統治し、また他のグループを吸収していくのか、次の章から見ていこうね」

## 5年3組の勢力図　第1章

| | |
|---|---|
| ゆみこ | ようこ |
| よしお | たくみ　やまと |
| たかし | はじめ　まこと　はやと |
| あおい | みさき　はるか |
| りょうこ | かおる |
| ひろし | だいき　みのる |
| あやの | ともこ　ななみ |
| わかな | しおり |
| まあや | |
| たける | つばさ　りょう |
| まなぶ | さとし |
| すぐる | ふとし　なおき　たつや |
| さくら | あかね　かれん　かえで　まなみ　さおり　めぐみ　ななこ |

# 第2章　世襲の君主政体を統治する方法

## ——世襲君主たかしくんの失脚

4月も半ばにして多くの小君主が誕生した5年3組。ですが、早くもいくつかの仲良しグループは崩壊の兆しを見せていました。仲良しグループを作ることは確かに難しいのですが、それを保つことはもっと難しいのです。

早くも脱落した小君主の一人にたかしくんがいます。たかしくんグループのメンバーは、もともと4年のときに、ひとしくんという有能なリーダーに率いられたグループのメンバーでした。たかしくんは、そのひとしくんグループで、ひとしくんの次に力量があると目されていました。そのため、クラス替えでひとしくんだけが5年1組になってしまったとき、たかしくんはこの仲良しグループの統治をひとしくんから譲り受けたのでした。いわば、たかしくんは世襲によって君主となった『世襲君主』と言えるでしょう。

仲良しグループの実権を握ったたかしくんは、さっそくその権力を用い、様々な改革に乗り出しました。たかしくんは、ひとしくんの統治していたやり方の全てに満足していたわけではなかったのです。たかしくんは、彼なりにより良いと思われる統治方法を以前より考えていたので、それを仲良しグループのみんなに伝えました。たとえば、これまでひとしくんの時代では大休憩（20分休み）はいつも教室内で遊んでいましたが、たかしくんは三日に一度は外で遊ぶよう提案したのです。これは、ケイドロやドッジボールなど、外での遊びを導入することにより、トランプや将棋など、教室内での遊びがマンネリ化するのを防ぐ意図がありました。

しかし、このような改革を行って半月もしないうちに、たかしくんの仲良しグループはガタガタになってしまったのです。外で遊ぶことに対し、配下の友達から不満が噴出したのです。それでもたかしくんは、もう少し続ければ外で遊ぶことの楽しさが分かってもらえるだろうと信じ、みんなの不満を抑えつつ改革案を押し通しました。ですが、状況に改善の兆しはなく、配下の友達からの不満は募《つの》るばかりです。そして、彼らはたかしくんの力量に疑問を抱き始めました。配下の友達から侮られてしまえば、もはやたかしくんグループは終わったも同然です。しかし、当のたかしくんは、まだ自分のグループの抜き差しならぬ状況に気付いてはいませんでした。

一方、たかしくんグループの死臭を嗅ぎ取った他グループは早速行動に出ます。初めに動いたのは「ハイエナりょうこ」です。りょうこちゃんグループは、このように内部崩壊しかかったグループを横から奪い取ることに長《た》けた、いわば吸収合併のスペシャリストです。りょうこちゃんとかおるくんは、彼らの中でも特に不満の多いはやとくんに目を付け、授業の合間におしゃべりをしたり、宿題を見せてあげたりして巧みに接近しました。美少女でクラスの男子からも人気の高いりょうこちゃん。そして、運動神経抜群で爽やかなかおるくんに目を付けられては、はやとくんはひとたまりもありません。程なくして、りょうこちゃんとかおるくんは放課後にはやとくんを誘い出し、3人で一緒に遊ぶことに成功したのでした。放課後に一緒に遊んだということは、はやとくんは完全にりょうこちゃんの仲良しグループに引き抜かれたということです。

　はやとくんがりょうこちゃんと遊ぶようになり、ぜんぜん自分たちと遊ばなくなってから、たかしくんは初めて事態が切羽詰ったものであることを認識しました。そして、いまや自分たちはりょうこちゃんグループだけでなく、ひろしくんグループを始め、他グループ全てから標的にされていることも知ったのです。強大な敵対勢力に狙われ、たかしくんは自分のグループをこれ以上保ち続けることはできないと観念しました。

　そこで彼は、逆に自分からひろしくんグループへ接近しました。あわよくば、ひろしくんグループを乗っ取ってやろうという腹です。しかし、それを見たたかしくんグループの残り二人、はじめくんとまことくんは、たかしくんは君主への道を諦めたのだと見限り、彼から離れてしまいました。こうして、たかしくんグループは一月を待たずして瓦解《がかい》したのです。所詮、たかしくんは5年3組を統一するほどの器ではなかったのです。

---

**たろうくん**「あーあ、たかしくんはもう脱落しちゃった。ふくろう先生、たかしくんは何が悪かったんですか？　世襲君主だったからダメだったんですか？　世襲君主って何だかバカ殿なイメージがあるからなあ……」

**ふくろう先生**「いや、それは逆だよ、たろうくん。世襲君主というのは、あらゆる君主の中で最も統治が簡単なものなんだ。なぜなら、平民は君主の家系に支配されることに馴れてしまっているからね。たとえ侵略者が世襲君主の政権を奪い取ったって、平民たちが侵略者の統治に納得できなければ、世襲君主を呼び戻そうとさえするんだ。平民たちは、とにかく自分たちの生活が変わらないことばかりを願うものだから、世襲君主というのはとても統治が簡単なものなんだよ」

**はなこちゃん**「愚鈍な大衆は変化を嫌うのね」

たろうくん「じゃあ、たかしくんのミスはひとしくんの作り上げた統治形態を無闇に変えようとしたことにあるんですか?」

ふくろう先生「そうだね。統治というものは必ず何か理由があってそのような形になっているんだ。ひとしくんにしても、おそらく各メンバーの性格や嗜好などを総合して、あのような統治形態をとっていたんだと思う。それを良かれと思って短絡的に変えてしまったのがたかしくんのミスだ。人間というものは、どのようなものであれ、その場では『良い』と思って何かを始めたり変えたりするのだけど、それが後に思わぬ害悪を生むことになるんだ。まさにこれが『浅慮《せんりょ》』なのだとマキャベリは言っているね」

たろうくん「やっぱり、たかしくんはしょせん君主の器ではなかったんだなあ」

ふくろう先生「そうだね、人が何か新しいことを始める時には必ず危険が伴うものなんだ。反発も受けるだろうし、失敗するかもしれない。そうした危険を乗り越えて、新興の君主は統治形態を作り上げるんだ。世襲君主は、先人が苦労して作り上げたものを何の苦労もなくただ受け継げば良いだけなのに、わざわざ新しく何かを始めて自分の身を危険に晒《さら》すなんて、まったく愚の骨頂というものだよ。じゃあ、次は新しく吸収・合併した配下の友達をどう統治していくか見ていこうね」

## 5年3組の勢力図　第2章

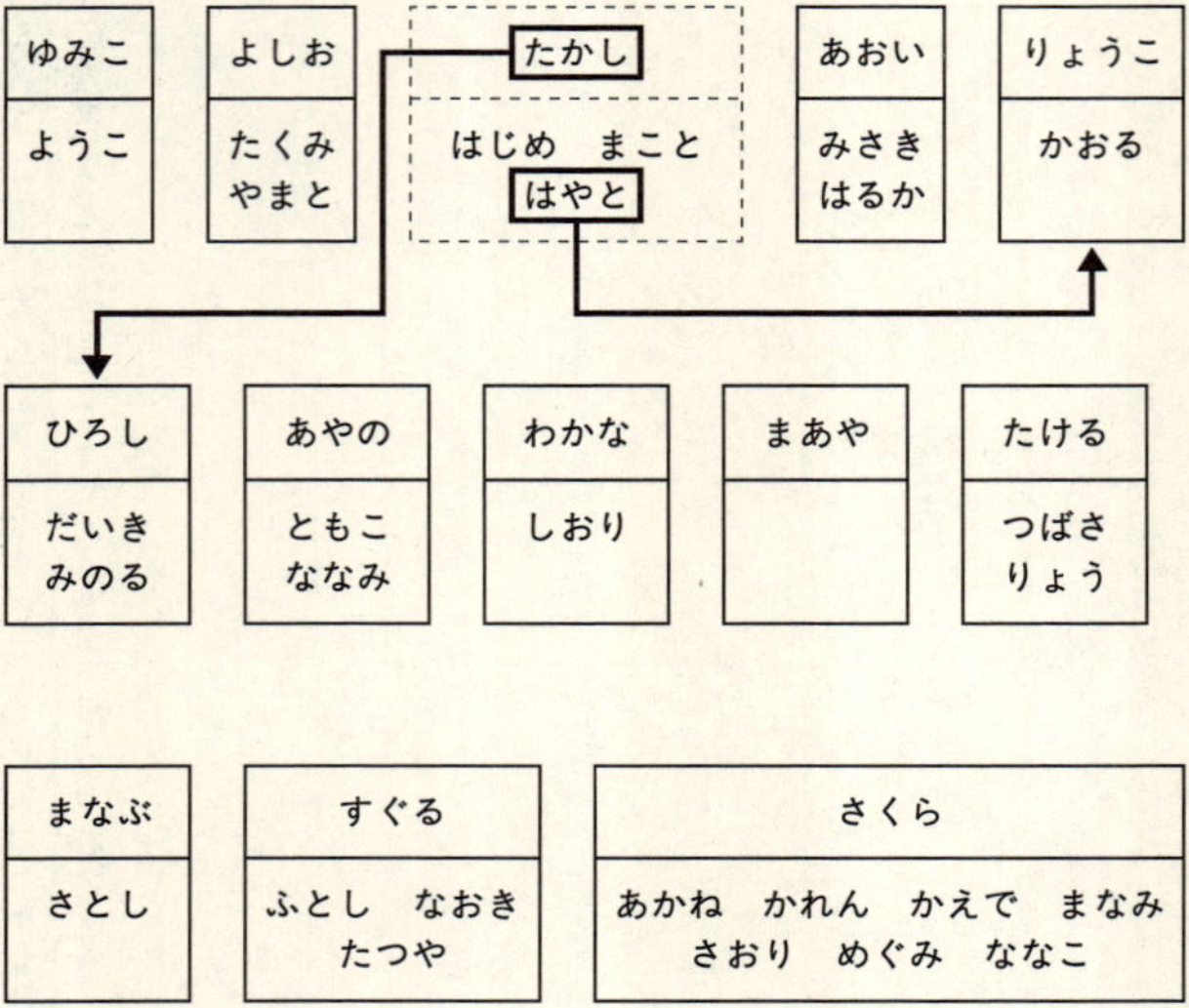
ゆみこ
ようこ
よしお
たくみ
やまと
たかし
はじめ　まこと
はやと
あおい
みさき
はるか
りょうこ
かおる
ひろし
だいき
みのる
あやの
ともこ
ななみ
わかな
しおり
まあや
たける
つばさ
りょう
まなぶ
さとし
すぐる
ふとし　なおき
たつや
さくら
あかね　かれん　かえで　まなみ
さおり　めぐみ　ななこ

# 第３章　新しく獲得した領地の統治法
## ――女の子に泣かされたよしおくん

たかしくんグループの自壊に乗じ、無事たかしくんの獲得に成功したひろしくん。前述の通り、たかしくんは隙あらばひろしくんグループを乗っ取ってやろうと考え、自分から身を寄せてきたわけですが、もちろんそんなたかしくんの企みを許すひろしくんではありません。ひろしくんは、元小君主としてのたかしくんの野望と実力を過小評価してはいませんでした。そして、認めているからこそ、自分のグループの安定のために、たかしくんを確実に叩いておく必要があると考えたのです。

ひろしくんは、たかしくんが何か意見を具申するごとに的確で合理的な反論を行い、彼のアイデアが配下の友達の賛同を得たり、実際に実行に移されることのないよう、ことごとく阻止しました。また、合理的な反論ができないときは屁理屈を用いたり、多数決で圧倒したり、そもそも意見を取り合わなかったりして、彼が自分に代わってリーダーシップを発揮しようとする機会を確実に潰していったのです。

このようなひろしくんの真面目な努力の甲斐もあり、たかしくんという新参者が加わった後も、ひろしくんはグループの中でリーダーシップを保ち続けることができました。たかしくんは何度となく発言を潰され、無力感と諦念《ていねん》から「ひろしくんに取って代わろう」という野望は次第に薄れていきました。もう一月もすれば、たかしくんは無害な羊に成り下がっていることでしょう。

このように、ひろしくんは新しいメンバーを得た後も適切な処置を施したため、グループの安定を保ち続けることができました。しかし、中には新しいメンバーを得たものの、グループの安定した統治に失敗する小君主も出てきます。よしおくんがその例です。

よしおくんは、クラス替えの後、自力でゼロからグループを作り上げた新興の小君主です。配下の友達はたくみくんとやまとくんの二人しかいませんが、よしおくんの権力への意志は強大で、自分のグループができた後も積極的に他グループへ接近し、吸収合併の隙を窺っていました。そして、彼の不断の努力が実を結び、よしおくんはとうとう女の子3人のあおいちゃんグループを吸収することに成功したのです。

しかし、吸収したまでは良かったのですが、その後が続きません。外で遊んだり、ゲームをしたりするときなどは良いのですが、ちょっとしたおしゃべりのときなど、どうしても彼女たちと話題があいません。また、よしおくんがリーダーとして何か決断を迫られたときには、どうしても男の子寄りの選択をしてしまいます。そんなことが続くうち、よしおくんたち男の子は彼女たちと距離を置くようになってしまいました。そして、そんなよしおくんに彼女たちは次第に鬱憤《うっぷん》を募らせ、勝気な性格のあおいちゃんは、ほどなくして公然とよしおくんを批判するようになったのです。よしおくんが何をしても、あおいちゃんが噛みついてきます。女の子にどやされるよしおくんを見て、たくみくんもやまとくんも彼を侮らずにはいられません。当のよしおくんは情けなくて半泣きです。

次第によしおくんは、自分たち男の子だけではあおいちゃんたちを自勢力下に留めておくことはできない、と考えるようになりました。そこで、彼は彼女たちとの橋渡しを、友好関係にあったりょうこちゃんにお願いしたのです。りょうこちゃんのグループと自分たちのグループであおいちゃんグループを分割統治しよう、と持ちかけたわけです。この提案を聞き、りょうこちゃんはニタリと汚い笑顔を浮かべ、よしおくんの申し出を快諾しました。よしおくんにとってりょうこちゃんは同盟軍でしたが、りょうこちゃんにとっては、よしおくんなど食い散らかされるだけの獲物に過ぎなかったのです。

よしおくんの手引きによりあおいちゃんグループと接触したりょうこちゃんは、まさしく野に放たれた野獣の如しです。彼女はよしおくんを遥かに上回る力量を発揮し、簡単にあおいちゃんグループを自分のグループに取りこんでしまいました。分割統治などという腹積もりは最初から彼女の内にはなかったのです。このことに今更よしおくんが気付いても後の祭りです。よしおくんは女の子になじられるだけなじられ、その挙句りようこちゃん勢力を強大にしただけに終わったのでした。

---

**たろうくん**「ひろしくんは新しいメンバーの統治に成功したけど、よしおくんは失敗してしまったね、ふくろう先生。これは、やっぱりよしおくんの力量が足りなかったせいですか？」

**ふくろう先生**「そうだね、たろうくん。確かによしおくんの力量不足は否めないよ。ただ、新しいメンバーの統治難易度は統治する対象によるというのも事実なんだ。マキャベリは、新しく獲得した領地の言語や風習が自分たちの領地と似ていれば統治は簡単だと言っているね。その場合は単にその領地の元の支配者を根絶やしにするだけでいいんだ。旧支配者を根絶やしにし、法律や税制を変えずに統治を続ければ、それだけで支配した領地の平民どもは心安らかに過ごすことができるんだ」

**はなこちゃん**「なるほど。支配者の首がすげかわっても、自分たちの生活に変化さえなければ、平民は支配者の顔になんて興味を示さないのね」

**ふくろう先生**「だから、ひろしくんもたかしくんにリーダーシップを取られないよう注意し、元小君主である彼を徹底的に叩くだけで良かったんだ。ひろしくんもたかしくんも男の子であり、文化風習が似ているからね。けれど、これが言語や風習、制度などが全く違う相手だった場合にはまた話が違ってくる。どうしても支配した領地を自分たちの文化風習に合わせる必要が出てくるからね。支配した領地から不満が出てくることは避けられない」

**はなこちゃん**「確かに、小学生男子なんて私たち女子からすれば蛮族にしか見えないわ。同じ人間と識別することすら困難よ。女子と男子ではまったくの異民族なのね」

**たろうくん**「だから、よしおくんはあおいちゃんたちと会話すらできなかったのか」

**ふくろう先生**「とはいえ、クラスの統一を目指すきみたちにとっては、異民族であろうと自己の勢力下に取りこむことは絶対に必要になってくるよね。マキャベリはこのような文化風習が違う相手を支配するときのポイントも教えてくれているよ。まず大切なのは、君主が自ら新しい領地に移り住むことなんだ。そうすることで、現地から不平不満が起ころうとも、早急な対処が可能になるからね」

**たろうくん**「よしおくんも、もっとあおいちゃんグループと近しく接して、彼女たちの動向をつぶさに観察しなきゃいけなかったんだね。そうすれば、あおいちゃんが面と向かって批判をしてくるようになるまで事態を悪化させず、何か手が打てたかもしれないのに」

**ふくろう先生**「もう一つマキャベリが推しているのが、占領した領地に兵隊を送り込むことだよ。軍があれば、占領地が反乱を起こしてもすぐに制圧できるからね。そして、送り込む兵隊は正規の防衛軍よりも、殖民兵の方が断然良いとも言ってるんだ。殖民兵というのは、普段は農民をしていて、有事の際には武器を取って軍隊となる兵のことだよ」

**たろうくん**「どうして殖民兵の方がおすすめなんですか？　正規の軍隊の方が強いと思うけどなあ」

**ふくろう先生**「それはね、防衛軍を駐留させると維持費がたくさん掛かってしまうからだよ。また、防衛軍は点々と場所を変えて野営をするため、あちこちの場所で略奪を行い、たくさんの人から君主は恨まれてしまうんだ。その点、殖民兵はとっても合理的なんだよ。殖民兵は占領した領地のごく一部の人の田畑や家屋を奪い取るだけで、そこに住みつかせることができるからね。殖民兵はごく一部の人の恨みしか買わないし、田畑や家屋を奪い取られた人は最下級層にまで落ちぶれるから、そんな人から恨まれたって怖くも何ともない。殖民兵はとても安全で効率的なんだ」

**はなこちゃん**「叩くべき相手はできるだけ少なく、そして叩く時は完膚《かんぷ》なきまで打ちのめすのが大切なのね」

**ふくろう先生**「よしおくんの場合で言うと、彼は自分の配下の友達、たくみくんかやまとくんのどちらかを殖民兵にすべきだったね。どちらかに少女漫画などの知識を体得させ、女の子と普通に会話ができるよう育ててあげる。その上で彼を女の子たちの中に送りこみ、情報操作やスパイ活動などをさせ、グループを安定させるべきだったんだ」

**たろうくん**「それなのに自分のグループから殖民兵を派遣せず、りょうこちゃんに頼るだなんて、よしおくんは愚かだなあ。結局、りょうこちゃんに全て奪われてしまってるよ」

**ふくろう先生**「そうだね。たとえ自分の目的のためとはいえ、他者を強大にする原因を作ったものは自らを滅ぼすことになってしまうんだよ」

**はなこちゃん**「なるほど、私もこれからはできるだけ他者を利するようなことは避けて、自分の力だけを高めるよう気をつけます」

**ふくろう先生**「でも、よしおくんはまだ諦めていないようだよ。では、よしおくんの次の戦略を見ていこうね」

# 5年3組の勢力図　第3章

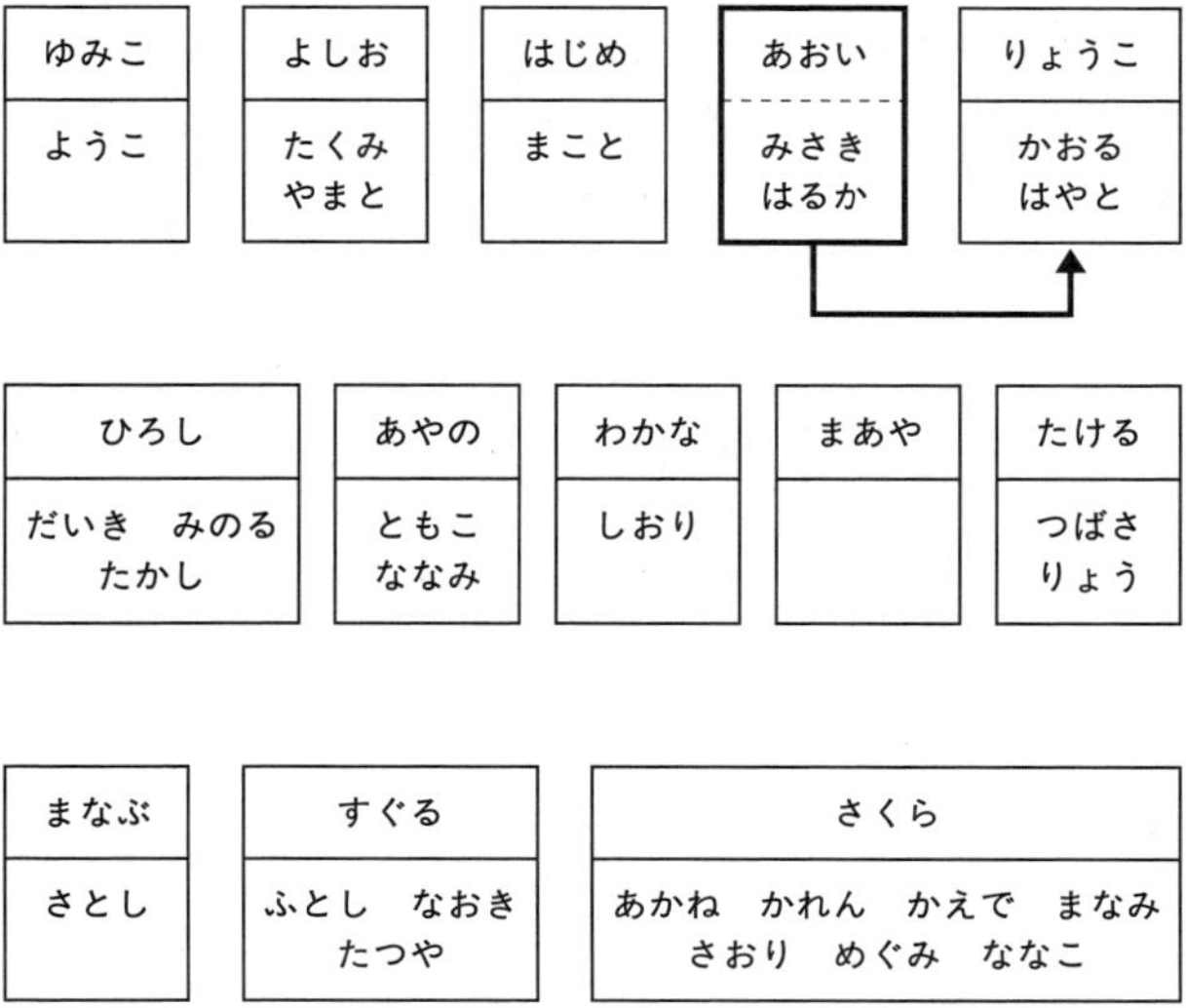
ゆみこ
ようこ
よしお
たくみ
やまと
はじめ
まこと
あおい
みさき
はるか
りょうこ
かおる
はやと
ひろし
だいき　みのる
たかし
あやの
ともこ
ななみ
わかな
しおり
まあや
たける
つばさ
りょう
まなぶ
さとし
すぐる
ふとし　なおき
たつや
さくら
あかね　かれん　かえで　まなみ
さおり　めぐみ　ななこ

# 第4章　支配地での反乱

## ――りょうくんの裏切りと混乱

あおいちゃんグループをりょうこちゃんに奪われたよしおくんですが、この程度でくじける彼ではありませんでした。幸い、たくみくん、やまとくんなど、配下の友達までは引き抜かれていませんし、二人ともまだ自分への忠誠を誓っています。彼は傷の癒えぬまま、勢力拡大に向け、新たな活動を開始しました。よしおくんは女の子が扱い辛いことを知り、今度は男の子グループへの接近を試みたのです。

次によしおくんが標的にしたのはたけるくんの仲良しグループです。このグループはたけるくん、つばさくん、りょうくんの運動神経抜群な男の子3人のグループです。彼らは休憩時間はいつも外で活発に遊び、体育でも大活躍しています。運動能力では、彼ら3人にりょうこちゃんの幼馴染であるかおるくんを加えた、この4人がクラスで突出しており、彼らは誰からも一目置かれる存在でした。よしおくんとしても、彼らの華々しい活躍を考えると、どうしても配下に加えておきたい人材だったのです。

ところで、このたけるくんグループ。いちおうはたけるくんが小君主としてつばさくんやりょうくんに指示を出しているのですが、つばさくんとりょうくん、彼ら二人も運動能力ではたけるくんと比べて何ら遜色《そんしょく》なく、彼ら自身も己の力量に自負するところがありました。二人は好機さえ訪れればいつでもたけるくんの地位を奪わんとし、虎視《こし》眈々《たんたん》とその機会を窺っていたのです。そして、彼ら二人の不穏な動きをよしおくんは早くから嗅ぎ付けていました。

そこで、よしおくんは密かにりょうくんに接近し、たけるくんへの裏切りを囁《ささや》きます。案の定、野心に駆られたりょうくんはよしおくんの申し出を受け入れ、よしおくんはりょうくんという内通者を得たのでした。よしおくんはりょうくんに自分の計画を打ち明け、そして好機が訪れるのを待ちます。

好機は思いのほか早く訪れました。ある雨の日、よしおくんグループは新発売のカードゲームを持って、たけるくんグループに近づきます。そして「このカードゲームで一緒に遊ぼう」と持ちかけたのです。たけるくんとしては、新発売のカードゲームなどで遊んでしまえば、よしおくんにリーダーシップを握られることは確実です。ここは舌先三寸で何とか避けねばなりません。ところが、いつもならここで助け船を出してくれるはずのりょうくんが、「いいね。よしおくん、僕たちに遊び方を教えてくれるかい？」と、とんでもないことを言い出したのです。また、それを聞いたつばさくんもとっさに状況を悟り、「そうだね、今日は雨が降っていて外で遊べないし。よしおくん教えてよ」と言い出します。作戦通りです。新発売のゲームのルールなど知るはずもないたけるくんは、この時間中ほとんど発言することもできないまま、よしおくんに完全に主導権を奪われてしまいました。ただ頷くことしかできないたけるくんを見て、よしおくんはニタリと笑います。

この一件の後、つばさくんとりょうくんは見事によしおくんの仲良しグループに引き抜かれてしまいました。たけるくんは配下の友達の裏切りを苦々しく思い、再起を図って学級代表のまなぶくんの下に身を寄せます。これは運動がダメなまなぶくんの下についていれば、いくらまなぶくんが自分を潰しにかかっても、ある程度己の立場をキープできるという打算からの行動でした。しかし、今はたけるくんの話はさておき、その後のりょうくんたちの動向を追っていきましょう。

つばさくんとりょうくんという、運動神経抜群の配下を二人も手に入れたよしおくんは上機嫌でした。しかし、大成功に見えた二人の引き抜き工作ですが、喜んでいられたのも最初のうちだけだったのです。そう、つばさくんとりょうくんは、たけるくんという実力者がリーダーであっても、その座を奪おうとしたほどの力量と野心の持ち主です。つばさくんよりも劣っているよしおくんの下で満足しているはずがありません。つばさくんもりょうくんも、すぐによしおくんに取って代わろうと動き始めたのです。

こうなっては、大変なのはよしおくんです。彼らは事あるごとによしおくんにたてつき、自分の意見を押し通そうとします。よしおくんもひろしくんのように、彼ら二人の意見を握り潰そうと懸命に努力しますが、残念ながら、よしおくんには彼らの言葉全てを圧殺するほどの力量はありませんでした。さらに悪いことに、外で遊んだり体育の時間が来るごとに、当然彼ら二人は大活躍。そのたびごとに配下の友達の心は彼らに傾き、よしおくんから離れていきます。このままでは、配下の友達を彼らに取られてしまうのも時間の問題です。よしおくんは、彼ら二人をすっかり持て余していました。

そこで動き出したのが、そう、やはり「ハイエナりょうこ」です。彼女は人が困っているところを見逃すような甘ちゃんではありません。人の混乱に乗じ、労せずして全てを奪うのが彼女のやり方なのです。りょうこちゃんは彼らを吸収すべく言葉巧みに近づきます。りょうこちゃんの動きを知ったよしおくんは、渡りに船とばかりに彼らを押し付けました。こうして、よしおくんの協力もあり、りょうこちゃんはまた労せずしてその勢力を拡大しえたのです。もちろん、よしおくん以上の力量を持ち、かおるくんという牽制力をも備えたりょうこちゃんの下では、つばさくんもりょうくんも無闇に暴れることはできません。下手にりょうこちゃんに逆らえば、彼らの立ち位置は落ちるところまで落とされてしまいます。自分の配下も持たぬまますりょうこちゃんに囚《とら》われた彼らには、大人しく服従するしか道は残されていませんでした。こうして、りょうこちゃんは

運動のできる男子4人のうち3人までをも配下に従え、実質的な勢力では早くもクラスのトップに躍り出たのです。一方のよしおくんは、勢力拡大に二度も失敗し、女の子からは馬鹿にされ、男の子は統御できず、配下の友達からの信用も地に堕《お》ちてしまいました。

---

**たろうくん**「よしおくん、また失敗しちゃった。もう彼の覇道は終わったようなものだね、ふくろう先生。でも、たけるくんグループを統治するのは確かに難しそうだなあ」

**ふくろう先生**「そうだね、たろうくん。マキャベリは君主政体には二つの統治方法があると言ってるのだけど、そのうちの一つは占領後の統治が簡単で、もう一つは難しいんだ。たけるくんグループはまさに難しいケースだったんだね」

**はなこちゃん**「二つの統治方法ってどういう違いなのかしら」

ふくろう先生「まず一つは、一人の君主とその部下たちが治める統治方法だよ。『いちばん偉い君主』がいて、その下には各土地の支配を君主から任された、いわば『雇われ君主』が治めているという統治方法だ。明治時代の天皇と、各都道府県知事の関係をイメージすると分かり易いね。この場合、平民たちは『いちばん偉い君主』には従うけれど、各地方の『雇われ君主』はしょせん『いちばん偉い君主』の部下でしかないと考えている。だから、こういう君主政体を占領するのはとても難しいことだよ。たとえ、『雇われ君主』の一人を裏切らせることに成功しても、彼が自分の地区の平民を動かすことはできないからね。平民たちが従うのはあくまで『いちばん偉い君主』だけであり、『いちばん偉い君主』の代理人である『雇われ君主』が裏切ったって、誰も『雇われ君主』なんかに付いていこうとはしない。もし、こういう君主政体と戦うことになった場合は、内部破壊ができないため正面から堂々と戦わざるを得ず、とても厳しい戦いになるんだ。でも、一度倒してしまえば、君主以外に力を持った部下がいないのだから、君主の血筋を絶つだけで安心して統治することができるんだよ。占領は難しいけど統治は簡単なんだ」

はなこちゃん「確かに統治は簡単かもしれないけど、でも私はそんなの嫌だわ。やっぱり破壊工作とか策を弄《ろう》して楽に勝ちたいもの」

**ふくろう先生**「はなこちゃん、もう一つの統治方法ならそれも可能だよ。もう一つは、『君主』と『封建諸侯』によって治められている場合の君主政体だね。今度は江戸時代の将軍と大名の関係をイメージすると分かり易いよ。『封建諸侯』は自分たちの領土と平民を持っているから、『君主』といえども簡単には彼らからそれを奪えない。また、『封建諸侯』は各々の領土の平民たちから慕《した》われているから、いざ『封建諸侯』が『君主』を裏切ろうとしたら、彼らの平民も一緒に立ち上がってくれるんだ。だから、こういう君主政体ならば、内部に『裏切り者の封建諸侯』を作ることで簡単に占領することができるんだよ」

**はなこちゃん**「私はこちらの方が好みね。敵が内部分裂して、疑心暗鬼の中で互いに潰し合う様は心が躍るわ」

**たろうくん**「じゃあ、たけるくんグループはこっちに入るんだね。たけるくんグループはみんな実力者だったし」

**ふくろう先生**「そうだね、でもこういった君主政体は占領した後が大変なんだ。その政体の『君主』の血筋を絶やしたって、『君主』の座を狙う有力な『封建諸侯』はたくさんいるからね。味方にしたはずの『裏切り者の封建諸侯』だって決して味方のままではないよ。『裏切り者の封建諸侯』にどれだけの見返りをくれてやったところで、彼は決して満足しない。それに彼にはいちおう助けてもらった恩義もあるから無闇に攻撃することもできない。『裏切り者の封建諸侯』はたいへん厄介な存在になるんだ」

**はなこちゃん**「確かにりょうくんは厄介だったわ。上手く統治する方法はないのかしら？」

**ふくろう先生**「残念ながらマキャベリも『裏切り者の封建諸侯』のうまい統治方法については言及してないんだ。個々の状況に応じて、己が力量で御していくしかないということだろうね。じゃあ、次は新しいグループを吸収して、統治に成功した例を見ていこう」

# 5年3組の勢力図　第4章

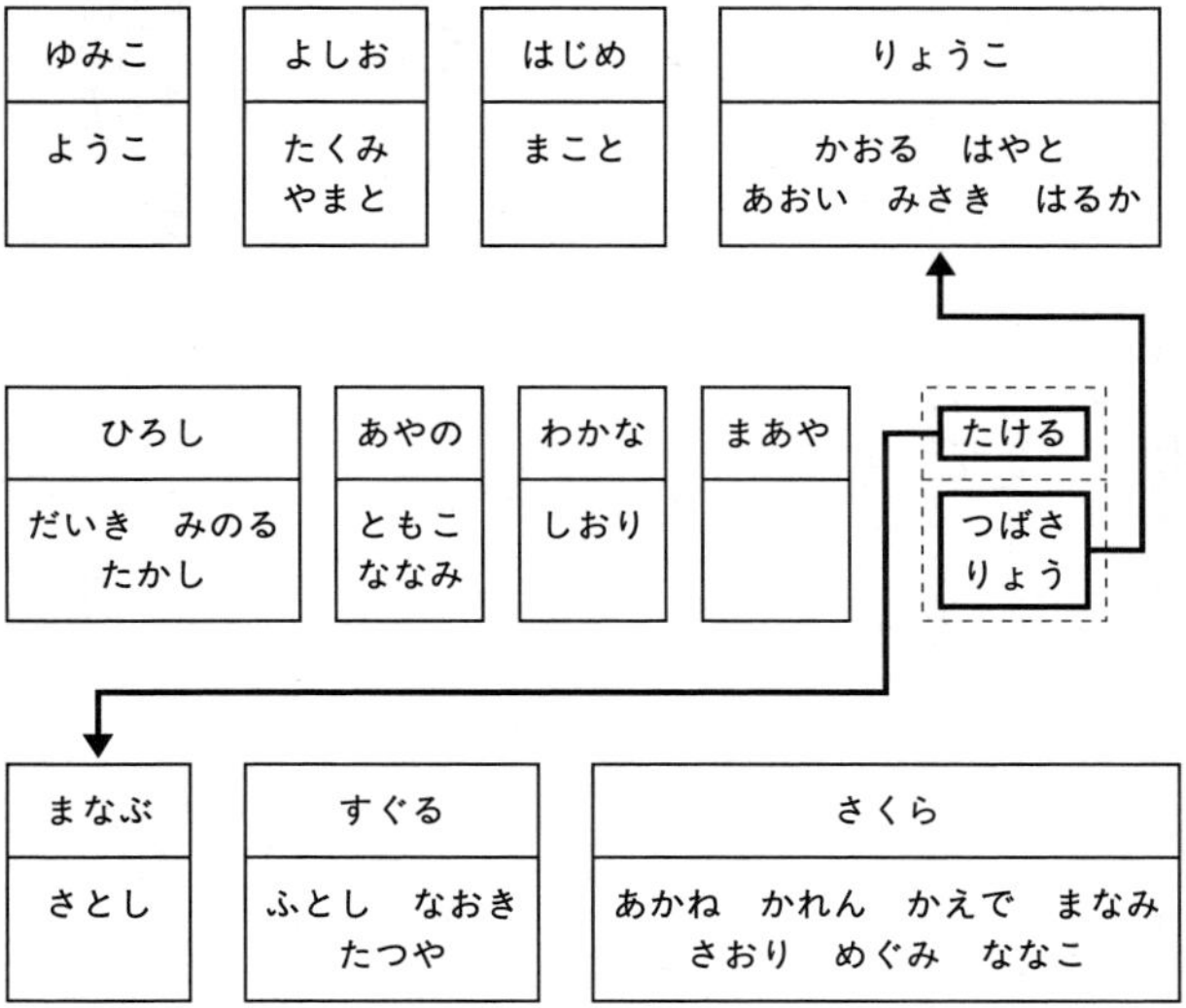
ゆみこ
ようこ
よしお
たくみ
やまと
はじめ
まこと
りょうこ
かおる　はやと
あおい　みさき　はるか
ひろし
だいき　みのる
たかし
あやの
ともこ
ななみ
わかな
しおり
まあや
たける
つばさ
りょう
まなぶ
さとし
すぐる
ふとし　なおき
たつや
さくら
あかね　かれん　かえで　まなみ
さおり　めぐみ　ななこ

# 第5章　自己の軍備と力量で君主となった場合
## ——ひろしくん、駄菓子屋の妙計

よしおくんは二度も勢力拡大に失敗し、りょうこちゃんを利する結果となってしまいましたが、もちろん勢力拡大に動いていたのはよしおくんだけではありません。同じ頃、ひろしくんもまた勢力拡大に努めており、そして、ひろしくんの方は無事に成功を収めていたのです。

ひろしくんが新たに獲得した勢力はゆみこちゃんのグループです。ゆみこちゃんグループはゆみこちゃんとようこちゃんの二人だけのグループであり、二人とも比較的大人しい子たちでした。ですので、彼女たちなら支配が容易であろうと考え、ひろしくんは自分たちの仲良しグループに二人を組みこんだのです。

思慮に富んだひろしくんは、もちろんよしおくんと同じミスは犯しません。配下の友達の一人、みのるくんを積極的に彼女たちに差し向け、諜報活動や情報操作を行わせ、また、自分もできるだけ彼女たちに接する時間を増やすことで、ゆみこちゃんたちの不満を芽のうちから摘んでいきました。こうすることで文化風習の違いを乗り越え、彼女たちを支配下に抑えこんでいたのです。

ですが、ここで決定的な一つの問題が持ちあがりました。駄菓子屋の問題です。ひろしくんたちがゆみこちゃんたちと放課後も一緒に遊ぶ以上、駄菓子屋も当然同じ店に行くことになりますが、彼らの間では行きつけの駄菓子屋が違っていたのです。

ひろしくんたち男の子は駄菓子屋「みらの」を愛用していました。「みらの」はアイスキャンデーが他よりも安く、これから夏場を迎えるにあたり、必ず利用したいお店でした。一方、ゆみこちゃんとようこちゃんは、学校のすぐ近くにある駄菓子屋「いもら」を愛用していました。「いもら」は値段も品揃えもこれといって特色のない普通の駄菓子屋で、ひろしくんたちとしては、少なくとも夏の間は「みらの」を使いたいと考えていたのです。しかし、彼女たちは「みらの」の利用に強固に反対したのでした。

なぜ彼女たちが「みらの」を拒絶するのか、ひろしくんはみのるくんを使ってさりげなく情報を収集します。その結果、それは単に彼女たちが「みらの」がどこにあるのか知らないことと、ゆみこちゃんの家が「いもら」に近いからだと分かりました。このような単純な理由であることが分かったので、ひろしくんは十分に説得が可能と思い、懐柔工作に乗り出します。彼女たちがどちらか一人になったところを見計らい、みのるくんを使って「みらの」の魅力を吹きこんだのです。その結果、ようこちゃんは「みらの」の方がむしろ自分の家には近いことや、アイスキャンデーが安いことに納得し、「みらの」を使うメリットを理解してくれました。さらに、一緒にゆみこちゃんを説得することまで約束してくれたのです。しかし、その一方で、ゆみこちゃんはみのるくんの再三の説得にも応じず、強固に反対する姿勢を崩しませんでした。ひろしくんはゆみこちゃんの頑迷にほとほと困り果てましたが、彼は程なくして、この事態を打開する一つの妙案を思いつきます。ひろしくんが作戦を打ち明けると、配下の友達はみな「それは妙計」と乗り気になってくれました。士気は上々です。ひろしくんは作戦の成功を確信します。

入念な下調べと予行演習の後、ついにひろしくんの作戦が決行されました。ある日の放課後、仲良しグループのメンバーが全員揃ったところで、ひろしくんが「駄菓子屋『みらの』に行こう」と切り出します。ですが、やはりゆみこちゃんは頑《かたく》なに拒絶しますし、ようこちゃんもいちおう説得を試みてくれましたが、あまりに弱腰でほとんど意味がありません。その様子を見たひろしくんは困った顔を浮かべ、「意見がまとまらないから、とりあえずかくれんぼをして遊ぼう」とすぐに話題を変えてしまいました。自分の意見が通ったのだと思い、ゆみこちゃんも笑顔を取り戻します。しかし、どうしたのでしょうか？　ひろしくんは彼女たちを説き伏せることを諦めたのでしょうか？　いえ、違います。全てはひろしくんの計画通りだったのです。

ひろしくんたちは、かねてからの打ち合わせ通りに作戦を展開します。彼らはかくれんぼをしながら、少しずつ学校から離れた位置に彼女たち二人を誘導していったのです。男の子たちがみな常に同じ方角に隠れることで、グループの進行方向を恣意的に操作したのです。これはひろしくんの用兵能力をもってすれば簡単なことでした。そして、ふとゆみこちゃんたちが気付いた時には、そこは彼女たちの全く知らない場所だったのです。二人ともかくれんぼに夢中で、自分たちが知らない道に迷い込んでいたことになど、まるで気付いていなかったのです。彼女たちは途端に不安になりますが、これもひろしくんの作戦通りです。もちろん、彼女たちがどの辺りから道が分からなくなるのかは、みのるくんにより事前に調査済みでした。

知らない場所に来てしまい不安になる彼女たち。そこで、隠れていたひろしくんたちが姿を現します。男の子たちの顔を見て、ゆみこちゃんたちもほっと一安心。筋書き通りです。そして、ひろしくんはおもむろにこう切り出します。

「いやあ、いっぱい走ったから喉が渇いたね。近くに駄菓子屋さんがあるんだけど、みんなでそこに行こうよ」

間髪を入れず、男の子たちから賛同の声が上がります。筋書き通りです。彼女たちにしても、自力で家まで帰れない以上、ここは彼らに従うしかありません。こうして、ひろしくんグループはみんなで仲良く駄菓子屋「みらの」に行き、ゆみこちゃんもようこちゃんも「みらの」のアイスキャンデーの安さに納得したのでした。この一件以降、ひろしくんグループの行きつけ店が「みらの」になったことは言うまでもありません。

---

**たろうくん**「うわあ、すごいなあ、ひろしくんは。こんな妙計があるとは思わなかったよ」

**はなこちゃん**「本当にすごいわ。ひろしくんは大変な力量の持ち主なのね」

**ふくろう先生**「いいかい、きみたち。ひろしくんがそうであったように、新しい制度を取り入れようとする者は、必ず多くの困難にぶつかるんだよ。駄菓子屋を変えようとするだけで、これだけの反対が起こるようにね。以前の制度で旨い汁を吸っていた人たちは、当然新しい制度に強く反対するよね。じゃあ、新しい制度になることで新しく旨い汁が吸えるようになる人たちはどうかと言えば、これは大して役に立たない味方なんだ。なぜなら、彼らは理屈では『次は自分たちが旨い汁を吸える』と分かってはいるんだけど、まだ実際に旨い汁にありついたわけではないからね。人間には猜《さい》疑心《ぎしん》というものがあるから、実際に旨い汁を吸ってみないことには信じられないんだよ。だから、彼らは疑い半分のまま味方につくので、どうしても弱腰になってしまう。ようこちゃんの説得が弱腰だったのも、こういう理由によるものなんだ。彼女はまだ『みらの』のメリットを体感していなかったからね」

**たろうくん**「反対は激しく、賛同は弱いなんて、新しく物事を始めるのは大変なんだなあ」

**ふくろう先生**「そうだよ、だからこそ君主には力量が必要なんだ。人間は本性において移り気だから、説得するのは簡単だけど、それを信じさせておくのは難しいとマキャベリも言っているんだ。心変わりして自分を信じなくなった人たち、もしくは最初から不信の念を持っている人たち。そういった人たちに自分の言うことを信じさせるには、これはもう力ずくしか方法はないんだ。ひろしくんはゆみこちゃんたちを罠にはめて、力ずくで駄菓子屋『みらの』に連れていったわけだけど、これはまさにひろしくんの力量と言えるだろうね。素晴らしい統治能力だよ」

**はなこちゃん**「舌先三寸で愚民どもをだまくらかすのも良いけれど、いざとなったら有無を言わさず力ずくで抑えつけなければならないのね。良く分かる話だわ」

たろうくん「ようし、僕も実行力をつけるため、力を磨くぞ」

# 5年3組の勢力図　第5章

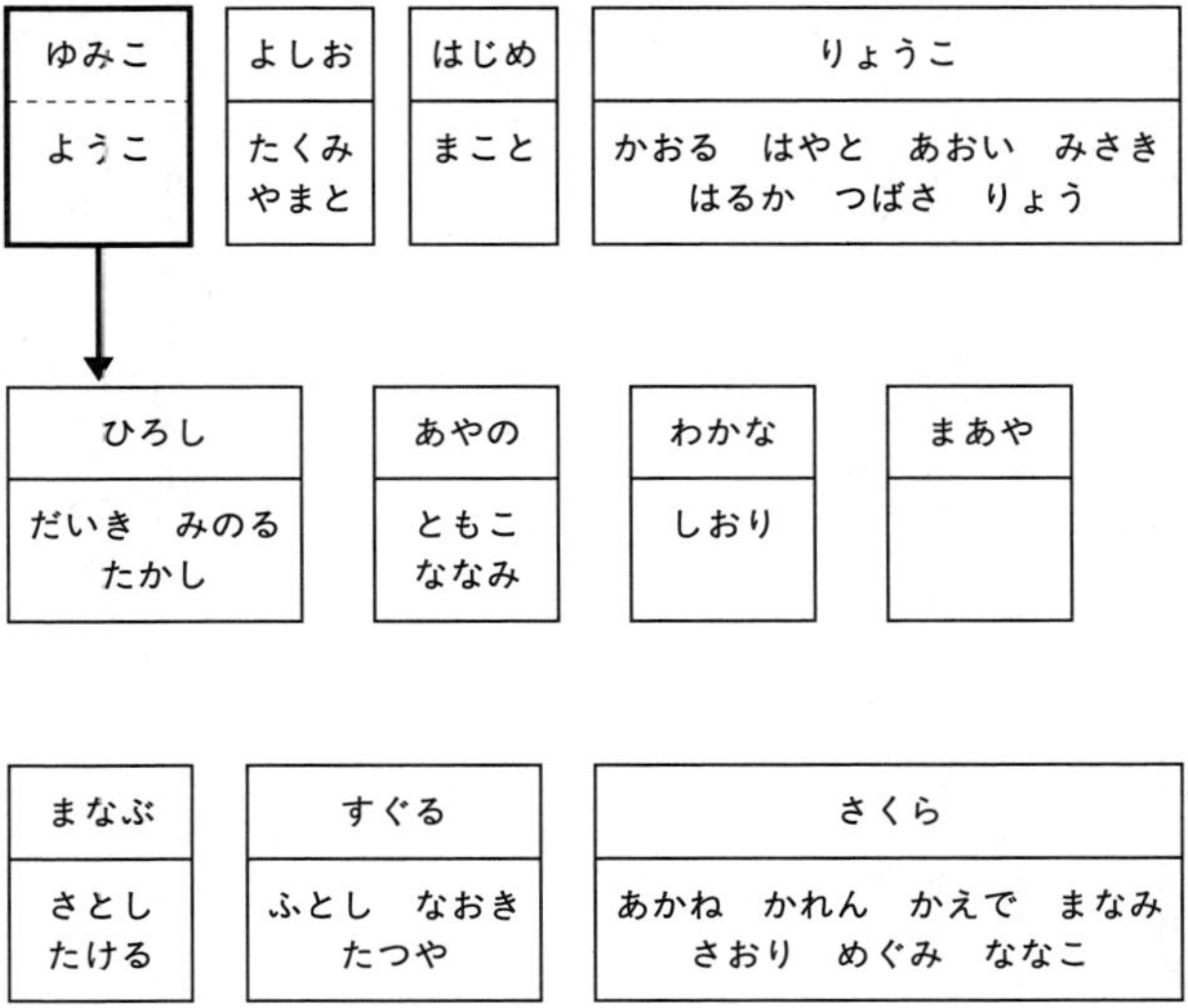
ゆみこ
ようこ
よしお
たくみ　やまと
はじめ
まこと
りょうこ
かおる　はやと　あおい　みさき　はるか　つばさ　りょう
ひろし
だいき　みのる　たかし
あやの
ともこ　ななみ
わかな
しおり
まあや
まなぶ
さとし　たける
すぐる
ふとし　なおき　たつや
さくら
あかね　かれん　かえで　まなみ　さおり　めぐみ　ななこ

# 第6章　他者の軍備と運命で君主となった場合

## ――虎の威を借るすぐるくんの落伍

ひろしくん、りょうこちゃん、たかしくん、よしおくんなどの小君主たちが進退を繰り返している中、目立たぬところでひっそりと壊滅していたグループがありました。すぐるくんのグループです。

すぐるくんのお兄ちゃんは同じ目立小学校の6年生で、それは大変な人気者でした。お兄ちゃんのあたるくんは力量に優れ、運動も勉強もでき、その仲良しグループはなんと6年生全体をほぼ掌握するほどの勢いだったのです。

彼の5年生時代の活躍はそれは凄まじいものでした。彼は敵対勢力の仲良しグループを徐々に弱体化させ、逆に自分の仲良しグループの勢力を着実に増していきました。また、実力や謀略を用いて敵の小君主をやりこめ、自分の君主の座を脅かす恐れのある友達を徹底的に叩きました。強大な力を持った小君主とは友好関係を保ちながらも、隙あらばこれを攻撃し、さらに果敢な実行力を持って新しい統治方法を施行し、盤石の基盤を築き上げたのでした。

そして、あたるくんを語る上で、決して欠かせないエピソードがあります。それは彼が5年2組を統治していたときのことです。5年2組は彼によってあまりに急激な統一が成されてしまったため、人心が乱れ、掃除をサボったり、自習中に私語をする人が多くなっていたのです。あたるくんは、2組の混乱状態を安定させるため、生真面目で口やかましいみとうくんを学級代表に任命しました。みとうくんは持ち前の正義感と責任感の強さから、クラスメートに厳しく注意を繰り返し、またある時は先生に密告し、クラスに安定を取り戻したのです。

しかし、このようなみとうくんの苛烈なやり方を、クラスメートが恨まないはずはありません。このままでは、みとうくんを推薦したあたるくんまでクラスメートから恨まれてしまうでしょう。そこで彼は先手を打ちます。みとうくんの細かなミスを発見して、それを大袈裟に脚色し先生に密告したのです。そして、クラスメートには「みとうくんはいつも僕たちが悪いことをしたら先生に密告していたけど、みとうくんも悪いことをしているじゃないか」と触れ回ったのです。クラスメートは先生に叱られているみとうくんを見て、気分がスッキリしました。こうすることで、彼はクラスの安定を回復し、憎まれ役を全てみとうくんに押し付けることができたのです。これは彼の君主としての業績の中で最も見事な謀略であると称えられており、みなは彼の攻撃性に敬意を表し、

「ソルジャーあたる」の通り名を与えた程です。

このようにして、あたるくんは誰からも愛され、恐れられ、慕われ、畏怖される6年生最大の君主として君臨していたのでした。そして、お兄ちゃんがこれほどの大物であったため、すぐるくんにもやはり相応の実力が期待されたのはやむを得ぬ話です。クラス替えの後、すぐるくんの下へは、ふとしくん、なおきくん、たつやくんと、配下の友達が3人も集まったのです。すぐるくんは何もしていないのに、ただ兄の威光の下に彼らは集まり、すぐるくんを小君主に押し上げたのでした。

ですが、兄はあくまで兄です。名君の子が必ずしも名君に育つとは限らないように、すぐるくんがお兄ちゃんのような優れた力量を発揮できるとは限りません。すぐるくんは何ら実力を発揮せぬまま小君主となったのですが、これまでいち児童でしかなかったすぐるくんに、いきなり君主としての振舞いを期待して良いものでしょうか。

果たせるかな。すぐるくんは何もせずに配下の友達ができたことを自分の実力と勘違いしてしまったのです。本当はお兄ちゃんの威光の賜物でしかないのに。ゼロから仲良しグループを作り上げる苦労も知らないすぐるくんの振舞いは、それは横暴なものでした。自分の望む遊びばかりを押しつけ、遊具はいつも自分が最初に遊ぶ。給食は人の物まで奪うし、宿題はいつも配下の友達のものを写していました。こういった専横を実力も伴わず行っていたので、配下の友達の心が彼から離れていくのは時間の問題でした。

「モフー、すぐるくんにまた給食の牛丼を取られたよー」

「なんだい、すぐるくんのやつ！　ちょっとワガママが過ぎるんじゃないのか！」

次第に配下の友達は彼に失望し、彼を侮りはじめます。そして最後には、すぐるくんの言うことなど誰も聞かなくなってしまいました。

こうなってしまえば、他グループがすぐるくんグループを食い物にするのは自然の摂理というものです。この時りょうこちゃんはつばさくんとりょうくんの引き抜き工作の真っ最中であったため、ここで動いたのは学級代表のまなぶくんでした。まなぶくんは学級代表という七光を背に彼らに近づきます。他勢力の侵略を受け簡単に動揺する配下の友達を目にし、すぐるくんは自分の力量不足を痛感しました。そして、彼は配下の友達の心が完全に離れてしまう前に、自らまなぶくんの勢力下に入ったのです。この時の彼の判断だけは賢明なものだったと言えるでしょう。そのため、まなぶくんグループに吸収される際には、ふとしくんとなおきくんは離れていったものの、たつやくんはすぐるくんと行動を共にしてくれたのです。

---

**はなこちゃん**「幸運を実力と勘違いしたすぐるくんの末路は憐れなものね」

ふくろう先生「確かにね。マキャベリも、実力ではなく運命だけで君主となった者の困難は甚だしいと言っているよ。たとえばお金で君主の地位を買った者や、別の実力者から統治を委ねられた者などがそうだね。彼らの政権は、その政権を譲ってくれた者の意志や運命に依存しているんだけど、その人の気が変わったり、その人が権威を失ったりすれば、彼らの政権もあっという間に失われてしまうんだ」

たろうくん「すぐるくんのお兄ちゃんが権威を失えば、すぐるくんも君主の座を保てないということだね」

ふくろう先生「そうだね。運命によって君主になったということは、他者に左右されてしまうということでもある。これが困難の一つ目の理由だよ。そして、二つ目の理由はもっと簡単な話で、これまで一般人だった人間が突然君主になっても、どのように振舞えば良いのか分からないんだ。だから、すぐるくんのように君主にあるまじき振舞いをして失敗してしまうんだ」

はなこちゃん「しょせん、すぐるくんは人の下につくしか能の無い指示待ち人間であり、人の上に立つ君主の器ではなかったのね」

**ふくろう先生**「そして最後の理由が、幸運だけで君主になった人には自分の忠実な部下がいないということだよ。ゼロから君主になった人は、君主になるまでの過程で必ず優秀な部下を仲間にすることになるよね。でも、一足飛びでいきなり君主になった人には、そういった優秀で忠実な部下がいないんだ。部下、つまり武力を持たない君主は何もすることができないんだよ」

**たろうくん**「すぐるくんも配下の友達に恵まれていたとは言えないなあ」

**ふくろう先生**「自分の実力で君主となった人は、君主になるまでは大変だけど、その間に優秀な部下を得て、自分も君主としての経験を積んでいるから、統治は比較的簡単なんだ。逆に、幸運だけで君主になった人は、君主になること自体は簡単だったけれど、部下もなく経験もないため、統治はとても難しいんだよ。人間はどこかで苦労しなければならないんだね」

**はなこちゃん**「分かりました、ふくろう先生。私は努力や苦労なんて泥くさいものは一切したくないけれど、将来愚民どもをアゴでこき使うために、必要最低限の努力はしようと思います。がんばるぞ」

たろうくん「ようし、僕もがんばるぞ！」

## 5年3組の勢力図　第6章

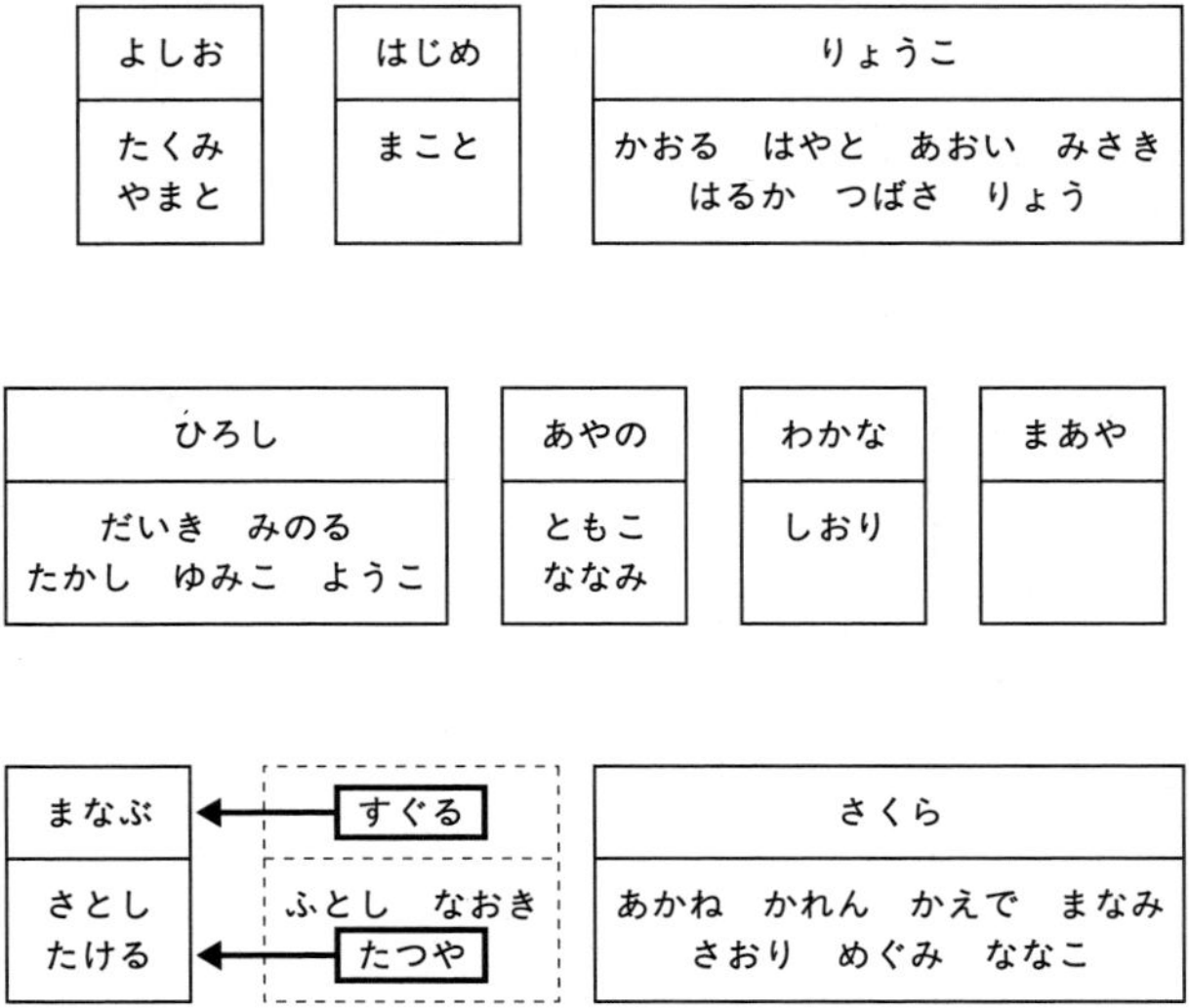
よしお
たくみ
やまと
はじめ
まこと
りょうこ
かおる　はやと　あおい　みさき
はるか　つばさ　りょう
ひろし
だいき　みのる
たかし　ゆみこ　ようこ
あやの
ともこ
ななみ
わかな
しおり
まあや
まなぶ
さとし
たける
すぐる
ふとし　なおき
たつや
さくら
あかね　かれん　かえで　まなみ
さおり　めぐみ　ななこ

# 第7章　極悪非道の正しい使い方
## ——極悪非道まあやちゃんの遠足

5月に入り、目立小学校では遠足の時期がやってきました。遠足は、クラス替えのあと新しく知り合った友達と親睦《しんぼく》を深めるための行事です。学年ごとにバスで高原などへ出かけ、たくさんの遊具を使って友達と一日中遊ぶというもので、全ての小学生がこの行事を心待ちにしていました。

もちろん、クラスの覇権を争う5年3組の子供たちにとっても、遠足は戦略的に重要なイベントです。自分のグループの結束を深め地盤を固めるだけでなく、イベントに乗じ他勢力への侵攻を図る絶好の機会なのです。小君主たちは各々、この日のためにとっておきの一計を用意しています。自分たちの計略がどれほどの効果を生み出すのか、グループの勢力はどれほど拡大するのか、前日は興奮して寝つけない程に、みんな遠足を楽しみにしていたのです。

そして、ここでついにまあやちゃんが動きました。クラス替えのあと、一月以上もの間、どの勢力からも身を離し孤高を貫いていたまあやちゃんが、ついに己が野望のため胎動を始めたのです。まあやちゃんは邪悪な精神と権力への強靭な意志を備えた女の子でした。彼女は持てる知性をすべて悪徳へと注ぎ込み、この遠足のために極悪非道な姦計を用意していたのです。これまで彼女がどのグループにも接近しなかったのは、まさにこのための伏線だったのです。

遠足では、多くの仲良しグループが他グループへの侵攻を図ります。小君主は事前に他のグループの小君主に対し、「遠足では一緒に遊ぼうね」などと宣戦布告を行います。そして、高原に着いた後は小君主同士による熾烈な主導権争いや、グループ同士でのドッジボールなどの抗争が繰り広げられるのです。

今回、まあやちゃんが標的に選んだのは女の子のグループでした。彼女はあやのちゃんグループ、わかなちゃんグループ、りょうこちゃんグループなどに「私も一緒に遊んでちょうだい」と接近します。

あやのちゃん、わかなちゃんの二人は、いまだ一人身であるまあやちゃんを侮っていました。まさか一人の配下さえいないまあやちゃんが自分たちに刃向かうなど、とても想像できなかったのでしょう。まあやちゃんは一人身に耐え切れず自分たちに擦り寄ってきたのだと、そう考えたのも無理からぬことです。彼女たちはまあやちゃんの申し出を快諾し、「じゃあ、私たちみんなで遊びましょうね」と約束しました。あやのちゃんもわかなちゃんも、まず手始めにまあやちゃんを配下に取りこみ、さらに相手のグループを乗っ取ってやろうと考えていたのです。彼女たちにはそれぞれ自慢の一計があり、お互いに相手勢力を乗っ取れる自信があったからです。しかし、二人は気付いていませんでした。自分たちが既に、まあやちゃんの張り巡らせた姦計の糸に絡めとられていたことを。なお、りょうこちゃんは、まあやちゃんの申し出を巧みに断ったため彼女の姦計を免れることができました。りょうこちゃんの本能的な危機回避能力が、まあやちゃんの邪悪な意志を察したのでした。

そして、ついに遠足当日。まあやちゃんの恐るべき悪意が彼女たちに襲いかかります。まあやちゃんは、あやのちゃんグループ、わかなちゃんグループと一緒にバスに乗り込みますが、ここでさりげなくみんなを誘導し、あやのちゃんとわかなちゃんを後ろ向きの座席に座らせることに成功しました。そして、直ちにカーテンを閉め、安全のためシートベルトをきつく締めることを強く忠告します。あやのちゃんもわかなちゃんも、まさか彼女が何かを企んでいるとは思っていません。「まあやちゃんは心配性だなあ」などと呆れながらも二人ともシートベルトをきつく締めました。全てはまあやちゃんの計画通りです。

バスが学校を出発しました。車内のあちらこちらから子供たちの楽しいおしゃべりが聞こえてきます。もちろん、それらは本当は楽しいおしゃべりなどではなく、高原での作戦のための情報操作に他ならないのですが。あやのちゃんグループとわかなちゃんグループも、互いに楽しくおしゃべりをしているかのように見せかけながら、その実、激しい舌戦を繰り広げていました。まあやちゃんは、そこへたまに口を挟む程度でしたので、舌戦に夢中の二人は余り彼女に気を払ってはいませんでした。しかし、良く注意すれば分かったはずです。まあやちゃんが口にするのは「もしバスに酔ったらどうしよう」「吐きそうになったら袋とか用意しなきゃね」など、乗り物酔いの不安を喚起するものばかりであったことを。まあやちゃんの繰り返す「酔う」「吐く」といった言葉は、彼女たちの意識下でネガティブなイメージとして醸成されていったのでした。

ところで、遠足において子供たちは、一人一人秘密兵器を持参することが学校から許されています。そう、おやつです。この秘密兵器は、たとえば「おやつは300円まで」などと携行できる物量に上限が設けられているにもかかわらず、絶大な力を発揮する恐ろしいアイテムなのです。遠足が子供たちの戦略において重要なイベントであるのは、おもにこのおやつによるところが大きいと言えます。おやつを用いることで、普段とは違った幅広い計略を練ることができるからです。

たとえば、ある小君主は5円10円などの安い駄菓子を大量に購入し、多くの子供たちに分け与えることで、広く歓心を買いました。この絨毯《じゅうたん》爆撃作戦は、一人一人への効果は薄いものの、確実な効果が見込める堅実な作戦です。また他の小君主を見ると、一粒

300円もする高価なチョコレートを一粒だけ持ってきた子供もいました。そして、彼はそれを3つに割り、配下の友達と分け合ったのです。これにより配下の友達は高級チョコレートのおこぼれに与ったことで君主に感謝し、他のグループの子供たちは「ねえ、ねえ、どんな味なの?」「普通のチョコレートとは全然違うの?」などと、彼らに感想を求めて集まります。この一点豪華主義作戦は自分のグループの結束を強め、さらに他グループへの撒餌《まきえ》ともなる一挙両得の作戦でした。他にも、普通の駄菓子屋では売っていない珍しい駄菓子を持ってくることで注目を集めたり、この日のために取っておいた金のエンゼル入りのチョコボールを持ってきて自分の強運をアピールしたりする子もいます。このように遠足におけるおやつは、高い汎用性を持った子供たちの秘密兵器なのです。ひろしくんもりょうこちゃんも、この日のためにあっと驚くおやつの使い方を考案してきたに違いありません。しかし、まあやちゃんのおやつの使い方は、彼らとは一味も二味も違いました。彼女の用いた作戦は、これまでのおやつの常識を打ち破る画期的なものだったのです。

話をバスの中に戻しましょう。まあやちゃんから「酔う」「吐く」などネガティブな言葉を囁かれ、だんだん気分が悪くなってきたあやのちゃんとわかなちゃん。後ろ向きの座席に座っていること、カーテンを閉めているため遠くの景色が見えないこと、シートベルトをきつく締めていることなども、乗り物酔いを助長していました。しかし、彼女たちの症状はまだまだ軽く、この時点では舌戦を続ける程度の余力は残っていました。そこで、まあやちゃんは自分のリュックサックから、恐るべき秘密兵器を取り出したのです。

それはプリンでした。１つ１００円のプリンが３つ、まあやちゃんの手に握られていたのです。言うまでもありませんが、小学生は男子も女子もプリンが大好きです。プリンに目がありません。少々気持ちが悪くてもプリンを見ればよだれが出てしまう。それが小学生というものです。それは野望に燃えるあやのちゃん、わかなちゃんとて例外ではなく、彼女たちはまあやちゃんの手に握られたプリンを見て、目をらんらんと輝かせました。二人のそんな様子を見て、まあやちゃんはニタリと汚い笑顔を浮かべます。

「今からおやつを食べようと思うんだけど、あやのちゃんとわかなちゃんも一緒に食べる？」

もちろん彼女たちがこの申し出を断るわけがありません。二人は喜んでプリンを受け取りました。満面の笑みを浮かべながらプリンを頬張るあやのちゃんとわかなちゃん。5月の陽気に熱され、プリンは生ぬるくなっていましたが、それでもプリンというだけで嬉しいのが小学生です。彼女たちはニコニコしながらプリンを平らげました。そして、異変が二人を襲ったのは、その直後でした。

プリンを食べて数分もした頃、二人は気分の悪さを訴え始めました。当たり前のことです。ただでさえ乗り物酔いの兆候が見えている時に、生ぬるいプリンを食べた二人がバスに酔わないはずがありません。おりしもバスは山道にさしかかり急カーブが続いている時分です。バスが大きく揺れるごとに彼女たちは顔面蒼白です。

しかし、彼女たちは二人ともこれまで乗り物酔いの経験がなく、どうすればこの気分の悪さから回復できるのか、全く見当もつきませんでした。そして、さらに悪いことに、彼女たちはまだまあやちゃんのことを無害な羊だと思いこんでおり、これが彼女により仕掛けられた用意周到な罠だとは気付いていなかったのです。

青白い顔をした二人をまあやちゃんは心配そうな顔で覗きこみます。

「あらまあ、二人とも、もしかしてバスに酔っちゃったの？　それは大変だわ」

まあやちゃんはニタニタ笑いながら、リュックサックに手を伸ばし、二冊の漫画本を取り出します。

「そんなときは、はい、これ。乗り物酔いのときは、楽しい漫画を読んで気分を紛らわせるのが一番よ」

まあやちゃんの悪意に気付かない二人は、彼女が勧めるままに漫画本を手に取ってしまいました。言うまでもないことですが、車中での読書は乗り物酔いにとって最悪の選択です。そのわずかに数分後、彼女たちは二人とも「乗り物酔いにおける最悪の状態」を迎えました。彼女たちの身に何が起こったかは、ここで詳述するのは控えましょう。

まあやちゃんの極悪非道な姦計はここに完成を迎え、そして、憐れな二人の小君主を一度に地獄へ叩き落としたのです。

ニヤニヤ、ニヤニヤと汚い笑顔を浮かべながら、必死に二人を介抱するまあやちゃん。しかし、窓を開けたり、水を飲ませたりといった適切な処置は決して施しません。それは介抱に見せかけた生殺し以外の何物でもなかったのです。そんなまあやちゃんの卓越した演技を、後ろの座席からチラチラ見ながら、りょうこちゃんは白目を剝《む》きつつ呟《つぶや》きます。「まあや、おそろしい子！」

高原に着いても、あやのちゃんとわかなちゃんはグロッキーのままです。いくら小学生とはいえ、乗り物酔いであれだけ体力を消耗すれば、とても元気に遊びまわることなどできません。二人は先生と一緒に木陰で休むしかありませんでした。そして、指導者を失ったあやのちゃんグループ、わかなちゃんグループだけが取り残されたのです。

ここで、まあやちゃんは彼女らを導きます。それはとても適切で公平なリーダーシップでした。先ほどの悪魔の如き所業を行った極悪非道なまあやちゃんとはとても同一人物と思えません。まあやちゃんは、どちらのグループのメンバーにも優しく接し、彼女と一緒に遊ぶことに誰もが楽しさを感じました。まあやちゃんたちは「お弁当を一緒に食べる」という遠足の一大イベントを通し、互いの結束を深めます。そうして、彼女たちが大の仲良しになった頃、ようやくあやのちゃんとわかなちゃんはグループに復帰し

たのですが、二人ともすぐにそのグループの新しい君主が誰かということを思い知ることになりました。あやのちゃんもわかなちゃんも、この遠足に際し何かとっておきの一計を秘めていたはずですが、そのようなものは最早使い道もありません。二人はまあやちゃんの極悪非道な謀略に完全に先手を取られてしまったのです。

配下の友達が全てまあやちゃんになびいたため、あやのちゃんとわかなちゃんも諦めてまあやちゃんの支配下に入るしかありませんでした。二人は、あのバスの一件が彼女の策略であったことに遅まきながら気付きましたが、その圧倒的な極悪非道に茫然自失となってしまい、とても反抗しようという気持ちが起こらなかったのです。また、それからのまあやちゃんは、あのバスの一件など無かったかのごとく、誰の目から見ても優しく穏やかで頼りになるリーダーとして振舞い、仲良しグループのみんなから大いに慕われました。まあやちゃんはこの遠足で一度に二つのグループを吸収し、りょうこちゃんやひろしくんにも対抗可能となる一大勢力へと成り上がったのでした。

---

**たろうくん**「すごい！　すごいね、まあやちゃんは！　一度に二つもグループを吸収するだなんてすごい力量だなあ」

はなこちゃん「私もまったく素晴らしいと思います。まあやちゃんは、今まで見てきた中で最も尊敬できる小君主ね。完璧な謀略、果敢な実行力、目的のためには手段を選ばぬ態度、そして、極悪非道を用いた後でも配下の友達に反乱を起こさせない統治能力。私の理想的な姿だわ！」

たろうくん「ふくろう先生、マキャベリはこういった極悪非道については、どのように言ってるんですか？」

ふくろう先生「うん、マキャベリはね、極悪非道には『良い極悪非道』と『悪い極悪非道』があると言ってるんだ。良い極悪非道とは、政権を奪い取るために必要な悪行を最初に一度だけまとめて行って、その後は極悪非道を用いずに平民どもの暮らしを良くすることだけを考えることだよ。極悪非道を繰り返さないことで民衆どもを安心させ、ゆっくり恩恵を施すことで人心を摑めれば、それは良い極悪非道と言えるだろうね。たとえば、シチリアのアガートクレやフェルモのリヴェロットといった人物は、その政権の有力者を騙し一堂に集めたところで彼らを皆殺しにし、政権を奪い取ったんだ。それから彼らは人を害することもなく、安泰な地位を手にしたんだよ。マキャべりは彼らの行った極悪非道を『良い極悪非道』だとしているね」

**はなこちゃん**「私そんなのいやだわ。いつでも愚民どもは極悪非道の力によって震え上がらせ、恐怖心から私に服従を誓うようにさせたいの。マキャベリは極悪非道を繰り返すことについてはどう言っているの、ふくろう先生？」

**ふくろう先生**「そうだね、はなこちゃん。その気持ちは良く分かるよ。後で説明するけれど、確かに君主は平民どもから愛されるよりは怖れられた方が良いんだ。でも、極悪非道に関しては話が別で、極悪非道を繰り返し用いるのは『悪い極悪非道』なんだよ。極悪非道を小出しにして、いつまでも加害行為を繰り返していると、配下の者どもは君主に対していつも安心できなくなるよね。そうなると、君主の方もいつも武力で配下や平民を脅していなければいけなくなるし、そうなってしまえば、必要な場面で配下を信頼することができなくなってしまうんだ。やっぱり極悪非道はあまり多く用いるべきではないんだよ」

**はなこちゃん**「そっかあ、残念だけど仕方ないわね。私もこれからは極悪非道は必要最低限に抑えるよう、できる限り努力したいと前向きに善処したい気持ちがほんのわずかながら湧いてきました」

ふくろう先生「うん、それから、極悪非道で平民を害するのは一度きりで終わるべきだけど、恩恵を施すときは時間をかけてゆっくり与えてやるのが大切なんだよ。民衆は恨みはなかなか忘れないくせに、与えてやった恩恵はすぐに忘れてしまうからね」

はなこちゃん「少しずつ長い期間をかけて恩恵を与えてやることで、愚民どもの鳥並の脳味噌でも、恩恵を受けたことを覚えていられるようにしてやるわけね」

たろうくん「分かったよ、ふくろう先生。これからはアメとムチの使い方にも気を配るよ」

# 5年3組の勢力図　第7章

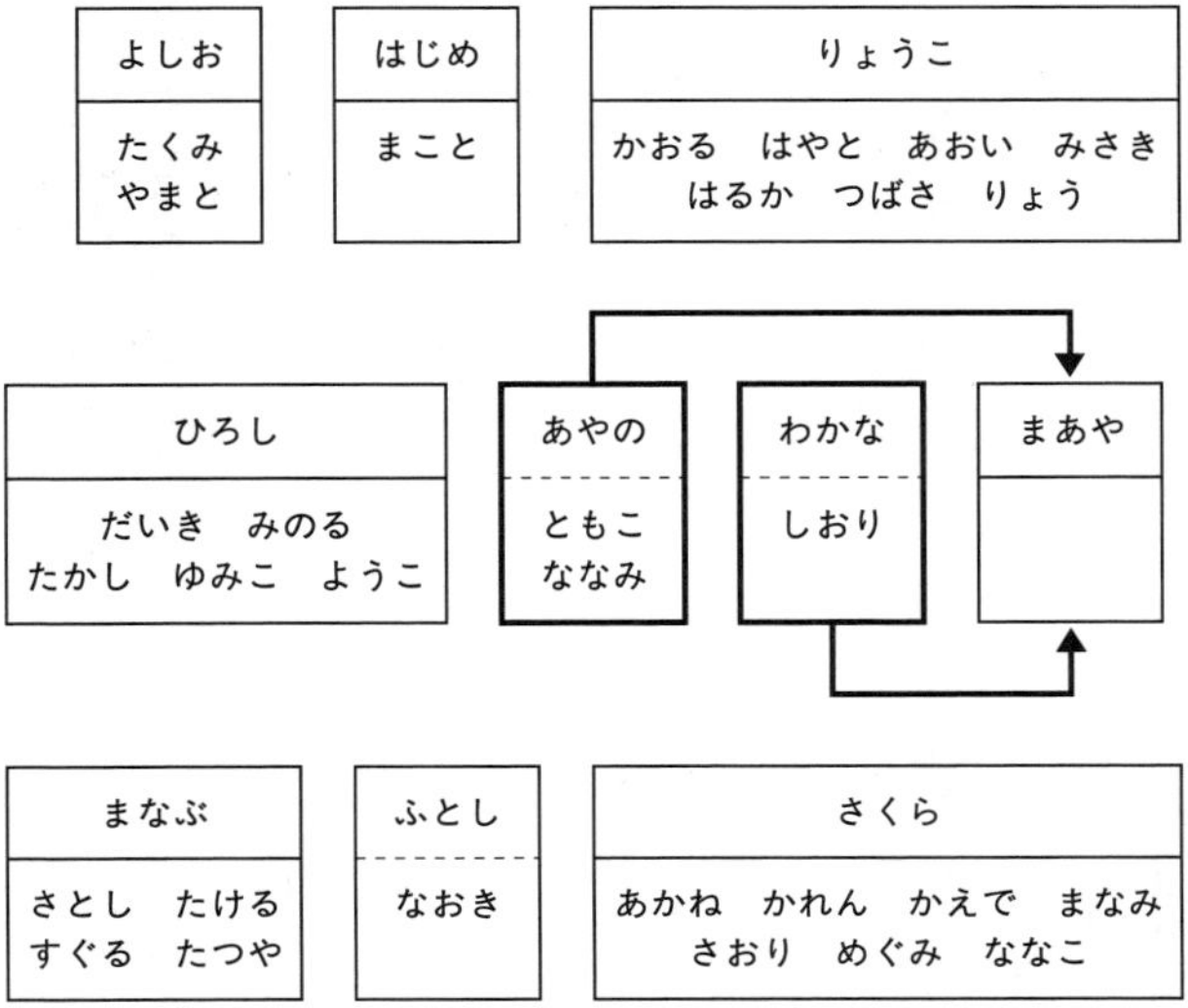
よしお
たくみ
やまと
はじめ
まこと
りょうこ
かおる　はやと　あおい　みさき
はるか　つばさ　りょう
ひろし
だいき　みのる
たかし　ゆみこ　ようこ
あやの
ともこ
ななみ
わかな
しおり
まあや
まなぶ
さとし　たける
すぐる　たつや
ふとし
なおき
さくら
あかね　かれん　かえで　まなみ
さおり　めぐみ　ななこ

# 第8章　市民による君主政体について
## ——さくらちゃんとかえでちゃんの対立

遠足にて、まあやちゃんの極悪非道が実を結んだ頃、もう一つのグループでも革命が起こっていました。それは、さくらちゃんの仲良しグループです。彼女のグループは他のグループよりも緩やかな共同体であり、いちおうはさくらちゃんがリーダーとしてグループを引っ張ってはいましたが、彼女の支配体制は盤石という訳ではありませんでした。

というのは、このグループは勝気で積極的な性格のさくらちゃん、あかねちゃん、かれんちゃんの、いわば有力者3人組と、温和で大人しいかえでちゃん、まなみちゃん、さおりちゃん、めぐみちゃん、ななこちゃんの、いわば小市民5人組が、互いに対立構造にあったためです。有力者3人組は、いつもグイグイと物事を引っ張っていき、自分たちに都合の良いように事を運ぼうとします。それは結果的に、小市民5人組を抑圧することになっていました。それに反して小市民5人組は、有力者3人組に抑圧されまいと大人しいながらも反発していたのです。3人と5人はこのような対立を約一カ月間続けていましたが、このままでは埒《らち》が明かぬと感じた有力者3人組は、さくらちゃんにリーダーシップを集中させ、他の二人はその補佐に回ることにしました。こうすることでさくらちゃんはその支配権を強化し、ついにこのグループを一つにまとめあげたのです。しかし、統一は成されたものの、このグループは抑圧と反抗という図式が根底に根強く残っており、有力者側は小市民側を常に抑圧しながらも、彼女らの反抗を怖れていたのです。

そして、この遠足においても、やはり有力者3人組は小市民5人組を抑圧しようとしました。高原で彼女たちがブランコに群がったときのことです。ブランコは一度に一人ずつしか遊べず、これをどのようにみんなで遊ぶか決めなければなりませんでした。早速、さくらちゃんがリーダーシップを発揮します。彼女が提唱したのは「順番にブランコで遊ぶ」というものです。これは一見すると公平な裁定であるように思われますが、問題はその順番です。彼女は言うが早いか列を作り、有力者3人を最初にブランコに並ばせてしまいました。ここでも彼女たちは小市民5人組を抑圧しようとしたのです。小市民の女の子たちはこれを歯がゆく思いました。

しかし、そんな小市民側の女の子の中で、この状況に一人満面の笑みを浮かべた子がいました。かえでちゃんです。小市民たちの不満は十分に高まり、反乱の機が熟したことを悟ったのです。小市民側に属しているとはいえ、かえでちゃんもクラスの覇権を狙う、野心溢るる女の子です。隙あらばこの組織を乗っ取ってやろうと考えていたことは言うまでもありません。

全然ブランコを代わってくれないさくらちゃんたちに、小市民側の女の子たちが小声で不満を漏らし始めた頃、ついにかえでちゃんは行動に出ました。

「ブランコが空くまで向こうのすべり台で遊びましょう」

彼女は小市民側の女の子を別の遊具へと誘ったのです。それはいいわね。そうしましょう。小市民側の女の子たちは次々と賛同し、かえでちゃんに率いられるままにすべり台へと移っていきます。かえでちゃんは、そこでは公平にジャンケンで順番を決め、みんなで楽しくすべり台で遊びました。そして、みんなはすべり台に夢中になり、すぐにブランコのことなど忘れてしまったのです。

こうなると寂しいのは有力者3人組の女の子たちです。仲良しグループの8人中5人までもが向こうへ行ってしまいました。3人でブランコで遊んでいても、その寂寥《せきりょう》感は拭えません。いつもの賑やかな8人組を思い出すと、3人で遊ぶことが何とも空しく感じられます。3人は誰からともなく、すべり台へと移っていきました。

3人がすべり台へ移ったとき、そこで支配権を握っていたのは言うまでもなくかえでちゃんです。小市民側はかえでちゃんに支配権を集中しており、いまさら彼女たちを抑圧することなどできそうもありません。ここで、さくらちゃんたちが改めて専横を行ったところで、今度はかえでちゃんたちがブランコに帰るだけです。さくらちゃんたちは、かえでちゃんの決めたルールに従うしかなかったのです。

こうして、かえでちゃんはクーデターに成功し、見事にさくらちゃんグループを乗っ取ったのでした。なお、その後のさくらちゃんたち有力者３人ですが、これはまさに三者三様の相を呈していました。あかねちゃんは完全にかえでちゃんのリーダーシップを認め、かえでちゃんを良く助け、また、かえでちゃんを信頼していたので、かえでちゃんもあかねちゃんを大切に扱いました。かれんちゃんは、かえでちゃんに全面的に支配権を任せて良いのかどうか迷っており、それほど協力的な態度ではありませんでした。しかし、かえでちゃんはそんなかれんちゃんを重く用い、彼女の意見をしばしば取り入れたのです。最後に、前の小君主であったさくらちゃんですが、彼女はやはり協力的な態度ではなく、隙あらばかえでちゃんから支配権を奪い返そうと、虎視眈々と機会を窺っていました。ですので、かえでちゃんは、さくらちゃんに関しては容赦なく叩き、彼女の発言をことごとく握りつぶし、仲良しグループの誰もがさくらちゃんの力量を疑うよう仕向けました。こうして、かえでちゃんはグループの中で安定した地位を手に入れたのです。

はなこちゃん「抑圧されるべき小市民の分際で有力者にたてつこうだなんて、まったくかえでちゃんは腹立たしい子ね」

たろうくん「いや、これはむしろ小市民どもの力を侮ったさくらちゃんの失敗じゃないかなぁ」

ふくろう先生「そうだね、たろうくん。いいかい、有力者と平民どもは必ず対立関係になるものなんだ。なぜなら、有力者はいつの時代も平民どもを抑圧して自分だけが旨い汁を吸おうとするのだけど、平民たちは、とにかく有力者に抑圧されることを避けようとするからだよ。その結果、有力者たちは平民どもに対抗できないことを知ると、自分たちの誰か一人を君主に祭り上げて権力を集中させ、その君主の下で旨い汁を吸おうとするんだ。逆に平民たちも有力者に対抗するため、同朋の誰か一人を君主に仕立て上げようとするんだよ」

**はなこちゃん**「ふくろう先生、私にはそれが納得できません。有力者から選ばれた優れた人間に、小市民どもの群れから選ばれたくだらない人間ごときが対抗できるものなんですか」

**ふくろう先生**「それがだね、はなこちゃん。事実はむしろ逆なんだ。実際は有力者から選ばれた君主の方が統治は遥かに難しくなるんだよ。なぜなら、彼は君主になった後も、自分の周りに強大な権力を持つ有力者たちが取り巻いているわけだろう。そんな状況では彼は強権を揮《ふる》うことができないんだ。逆に市民から選ばれた君主は、周りに強い力を持つ者がいないため、より強い権力を発揮できるんだよ」

**はなこちゃん**「有力者たちの強すぎる力が枷《かせ》になってしまうんですね」

**ふくろう先生**「さらに言うとね、やっぱり平民の力というのは大きなものなんだ。なんといっても数が多いからね。有力者から選ばれた君主は、有力者たちを満足させるために平民どもを抑圧することになるだろう。そうすれば、君主は多くの平民どもを敵に回すことになるんだ。逆に平民どもから選ばれた君主は、ただ平民どもに自由を与えてやるだけで彼らを満足させることができるんだ。正義に適《かな》った真っ当なことをするだけで良いのだから、こちらはすごく簡単なことだね」

たろうくん「さくらちゃんたち有力者も、かえでちゃんたち多くの小市民がすべり台に行ってしまったため、堪らなくなってそっちに流れてしまったけど、これが数の力なのかあ」

はなこちゃん「そして、かえでちゃんはジャンケンで公平に順番を決めるという、正義に適った統治を行ったことで小市民どもの心を摑んだのね。うう、正義なんて言葉を使うとムズムズしてくるわ。私の大嫌いな言葉だけど、これも愚民どもを操るためだから仕方ないですね」

ふくろう先生「それから、有力者というのは基本的に小利口な人間ばかりだからね。もし、大多数の平民どもが君主に心を寄せていたら、有力者たちも自分の安泰を図って、その君主に身を寄せることになるんだよ。有力者は平民どもの数の力を恐れるからね。だから、君主が平民どもの意に適わないことをすれば、平民どもは君主に逆らってくるけれど、有力者たちの意に適わないことをしても、平民さえ味方につけておけば大丈夫なんだ。有力者たちはそれでも我が身可愛さに君主の仲間になろうと寄ってくるからね。平民どもから選ばれた君主の方が、遥かに統治が簡単だということが分かったかな？」

**たろうくん**「じゃあ、有力者から選ばれた君主はどうすればいいんですか？」

**ふくろう先生**「それは簡単だよ。有力者から選ばれても平民どもを抑圧したりせず、むしろ平民どもに自由を与えてやればいいんだ。平民どもは『絶対にこの君主は自分たちを抑圧してくる』と構えているわけだろう。そこを逆に庇護してやれば『この君主は実はすごくいい人なんだ』と心を許してしまうんだ」

**たろうくん**「すごく悪い不良がたまに普通のことをするだけで、実はとても心優しい人間かのように見えてしまう心理ですね」

**はなこちゃん**「どうあっても平民どもを助けてやらなければならないことが癪《しゃく》だけれど、そういうことなら仕方がないですね」

**ふくろう先生**「それから、君主に身を寄せてきた有力者の扱い方についても述べておこう。あかねちゃんのように、完全に君主に信頼を寄せ、君主と運命を共にしようとしている者はもちろん厚遇してあげるべきだね。これは疑問の余地はないよね？　問題は君主に服従しようとしない有力者の場合だけど、これは二つの種類に分けることができるんだ。一つはかれんちゃんのように、優柔不断や心の弱さから服従しない場合だよ。この場合、かれんちゃんが知恵者であった場合はやはり重く用いるべきなんだ。なぜなら、グループが安定しているときは彼女の知恵を有効に使うことができるし、もし外敵の侵略を受けたりして不安定な状態に陥ったときでも、彼女のような意気地なしは恐れるに足りないからね。最も警戒すべきは、さくらちゃんのように己の野心のために服従しない有力者だよ。こういう人はグループが不安定になったとき、すかさず牙を剝《む》いてくるんだ。だから、普段から彼女を敵と見なし、警戒しなければならないんだよ」

**たろうくん**「有力者の扱い方も千差万別なんだなあ」

**ふくろう先生**「市民には良い顔をして味方だと思わせ、野心と力量を持った有力者には、辛く当たってその牙を叩き折る。これが正しい権力者のあり方なんだ」

はなこちゃん「前者はともかく、後者は私の得意分野よ。腕が鳴るわ！」

ふくろう先生「その意気だよ、はなこちゃん。じゃあ目立小学校の次のイベントを見ていこう」

# 5年3組の勢力図　第8章

| よしお |
|---|
| たくみ<br>やまと |

| はじめ |
|---|
| まこと |

| りょうこ |
|---|
| かおる　はやと　あおい　みさき<br>はるか　つばさ　りょう |

| ひろし |
|---|
| だいき　みのる<br>たかし　ゆみこ　ようこ |

| まあや |
|---|
| あやの　ともこ　ななみ<br>わかな　しおり |

| まなぶ |
|---|
| さとし　たける<br>すぐる　たつや |

| ふとし |
|---|
| なおき |

| さくら ↓　↑ |
|---|
| あかね　かれん　かえで　まなみ<br>さおり　めぐみ　ななこ |

# 第9章　籠城について
## ——ドッジ大会、女帝りょうこちゃんの侵略

一大イベントである遠足が終わって間もなく、目立小学校は次なるイベントを迎えます。小学校では児童たちに不断の緊張状態を強いるため、絶え間なく何かの行事が行われているのです。そして、次なる行事はドッジボール大会でした。

このドッジボール大会は一学期最大のイベントと言っても過言ではありません。そして、クラスの覇権を狙う小君主たちにとっては審判の時でもあります。というのは、ドッジボール大会では学校側から他勢力とのドッジボール対決を強制されるため、自分のグループの運動能力が嫌でもあからさまにされてしまうのです。大会で優秀な成績を収めたグループはみなから尊敬を受け名声を高めますが、逆に他勢力に惨敗を喫してしまえば、そのグループの名声は地に堕ち、小君主は指揮能力を疑われてしまうのです。ドッジボール大会は実力の低い仲良しグループが一斉淘汰される審判の時なのです。

ですから、小君主たちはドッジボール大会までにできるだけ運動能力の高い手駒を揃

えなければなりません。また、ただそれだけで終わるのではなく、日々の遊びを通じて己の身体を鍛えあげ、配下の友達を調練し、自分の仲良しグループの運動能力を総合的に向上させる必要があります。しかし、どれほどの調練を行っても、小学生の運動能力は天性の能力に依存するというのも、また一面の事実なのです。

5年3組を見てみますと、総合力で圧倒的に秀でていたのは、やはり、りょうこちゃんのグループです。かおるくん、つばさくん、りょうくんという、運動神経抜群の3人の男子を手駒に持ち、さらにりょうこちゃん自身の運動能力、指揮能力も高く、また日頃から配下の友達の調練に余念がありません。5年3組で彼女のグループに敵《かな》う者がいないことは、クラスメート全員が知るところでした。

ひろしくんのグループも、やはり運動能力ではりょうこちゃんグループに及びません。ひろしくん自身の運動能力は中の上といったところで、配下の友達もそれほど運動ができるわけではありませんでした。ただ、ひろしくんには「駄菓子屋の妙計」に見られる狡知《こうち》と、配下の友達を指揮する高い用兵能力があり、それらで運動能力をカバーすれば、ある程度無難にドッジボール大会をやり過ごせる目処《めど》は立っていました。惨敗すればクラスメート全員から侮られるのは免れませんが、せめて惜敗といった程度なら、健闘を称えられ傷は浅くて済むのです。

ですが、ひろしくんにとってやはり気掛かりなのはりょうこちゃんの動向です。ドッジボール大会に向けて調練中の今の段階で、りょうこちゃんから直接対決を申し込まれれば大敗を喫するのは目に見えて明らかです。

そして、もちろん、りょうこちゃんほどの実力ある小君主が、こんな絶好の機会に何のアクションも起こさないはずがありません。いつもは他勢力の自滅を待つ「ハイエナりょうこ」も、この時ばかりは獲物に牙を突き立てるのです。

りょうこちゃんは早速ひろしくんに話しかけます。

「ひろしくん、もうすぐドッジボール大会ね。今日の放課後、大会に備えて私たちと一緒に公園でドッジボールをしましょ」

これは要するに「今日の放課後、私たちがお前のグループをギッタギタのメッタメタに負かしてやるから覚悟しやがれ」という、りょうこちゃんからの宣戦布告なのです。

これを聞いて、ひろしくんは顔面蒼白です。今までも、りょうこちゃんからキックベースやソフトボールなど様々な直接対決を仕向けられてきましたが、「今日はケイドロで遊ぶことに決めてたんだ、ごめんね」などと、何かと理由をつけてこれらをかわしてきました。今まではこれで十分やりすごせていたのですが、しかし、ドッジボール大会を目前にした今、「ドッジボールしましょ」という彼女の申し出を断るのはあまりに不自然です。下手な理由を作って断ってしまえば、小学校における最高裁判機関である「終わりの会」にて弾劾を受ける怖れもあります。大勢力であるりょうこちゃんが「ひろしくんに傷つけられた」と終わりの会で申し立てれば、ひろしくんに弁解の余地などありません。とにかく、下手に断って彼女に付け入る隙を与えることだけは避けねばならないのです。となれば、最早あれしかありません。

「ご、ごめんね、りょうこちゃん。実は、僕いま、げふんごふん！　ちょっと風邪気味なんだ。だから大事を取って今日は僕の家でみんなと遊ぼうと思ってたんだ。いやあ、風邪が辛いなあ、げふんごふん！」

そう、仮病です。病気を理由に掲げれば、いかにりょうこちゃんとて無理強いはできません。彼女はひろしくんの目の前で「チッ！」と舌打ちし、顔を憎悪に引《ひ》き攣《つ》らせたあと、途端に優しい笑顔を浮かべて「それは残念ね、お大事に」と言い残し行ってしまいました。ひろしくんは安堵の溜め息をもらします。とりあえず、目前の危機は回避できたのです。

ですが、この展開はまだりょうこちゃんの想定範囲内でした。彼女もひろしくんほどの実力者が、まさか惨敗を覚悟でノコノコ勝負に乗ってくるとは思っていませんでしたし、おそらく体調不良を理由に断るであろうことも予測していたのです。しかし、ドッジボール大会を目前にしたこの大事な時期に配下を調練できないのは、ひろしくんにとっても大きな精神的プレッシャーのはずです。りょうこちゃんの狙いは、まず一つはひろしくんの動きを止めることにありました。

実際、ひろしくんにしても、体調不良を理由に勝負を回避するのはリスキーな選択でした。なぜなら、体調不良を言い訳にしてしまった以上、彼は自分の家から出ることもできないからです。もし、家から出て、こっそりドッジボールの練習をしているところを発見されたなら、「ひろしくんは風邪気味だからって私と遊ぶのを断ったのに、本当は仮病だったのよ。ひどいわ」などと言い触らされ、終わりの会での弾劾は免れません。この大切な時期ではありますが、ひろしくんは諦めて家の中に閉じこもるしかないのです。

ひろしくんの配下の友達も、彼のそんな苦境は十分に察していました。しかし、彼らも遊び盛りの小学5年生です。頭では理解していても、やはり外で遊びたい気持ちは隠せません。下手をすれば、家で遊んでいても、彼らだけ外に遊びにいってしまうかもしれません。

ひろしくんはそんな彼らの心を繋《つな》ぎとめるため、楽しいテレビゲームを用意し、美味しいお菓子やジュースなどを振舞いました。それらに釣られ、彼らもこの日は外で遊ぶことを諦めたようです。今日はひろしくんのために中で遊んでもいいかな、彼らがそう思ったときのことでした。りょうこちゃんのもう一つの狙いが、世にもおぞましい形となって彼らの前に現れたのは。

りょうこちゃんがドッジボールの場所に指定していた公園は、実はひろしくんの家の真ん前でした。ひろしくんの子供部屋の窓から公園の様子は良く見えますし、公園で遊ぶりょうこちゃんたちの声も部屋まで聞こえてきます。そう、これこそが、りょうこちゃんのもう一つの狙いだったのです。

とはいえ、天岩戸《あまのいわと》よろしく、楽しそうなはしゃぎ声で彼らをおびき出そうとしたわけではありません。彼女のやり方はそのような生易しいものではなく、まさに悪魔の所業ともいうべきものだったのです。

「あ！　見て！　こんなところに秘密基地があるわ！」

りょうこちゃんの不自然なまでの大声がひろしくんたちの耳に届きました。明らかにひろしくんたちに聞かせるための大声です。その言葉を聞いて、急にそわそわとし始めるひろしくんたち。そう、りょうこちゃんの発見した秘密基地とは、ひろしくんたちが一週間以上も前からみんなで作っていた自慢の秘密基地だったのです。

ひろしくんの部屋から、りょうこちゃんや秘密基地の様子はよく見えます。そう、りょうこちゃんの第二の狙いはこの秘密基地だったのです。りょうこちゃんは事前に、彼らが公園で秘密基地を作っているという情報を得ていたのです。りょうこちゃんの、大きな、大きな声が、また響きます。

「どこの誰が作ったものかはぁ!!　知らないけれどぉ!!　とっても立派な秘密基地だわっ！　ここまで作るのはぁ!!　さぞかし大変だったでしょうね!!　みんな!!　間違って

ボールを!!　ぶつけたりしないよう!!　気を付けて遊びましょうねっ！」

　オッケーりょうこちゃん！　おうともさ、りょうこちゃん！　りょうこちゃんグループから、これまた大声で返事が巻き起こります。それを聞いたひろしくんグループのみんなは居ても立ってもいられません。これから何が起こるのか、彼らには容易に想像がついてしまったからです。

　ひろしくんグループのみんなはゲームもお菓子も忘れ、窓にへばりついて公園の様子を窺っています。りょうこちゃんはそれを横目で確認し、ニタリと汚い笑顔を浮かべました。そして、彼女は秘密基地の方向を向くと、手に持ったボールを思いっきり振りかぶり、全身の力をこめ、裂帛の気合と共に投げつけたのです。その手からボールが離れた瞬間、彼女はガッツポーズを作りながら叫びました！

「おおっとぉ！　うっかり手が滑ったわ！」

　りょうこちゃんの手から放たれた剛球が、一直線にダンボール製の秘密基地に突き刺さります。ボールは秘密基地の横っ腹に凄まじい音を立てながら命中し、そこに無惨な大穴を残しました。

「イエースッ！」

　りょうこちゃんは最高にいい笑顔で勝ちどきを上げ、グループのみんなとハイタッチです。しかし、ここまでされてなお、ひろしくんたちはその様子を見つめ、わなわなと体を震わせることしかできません。ここで怒りに駆られ外に出ていってしまえば、「あら、ひろしくん元気じゃない」などと言われ、改めてドッジボール対決を挑まれるに決まっているからです。やり場のない怒りに駆られながらも、彼らは必死に自制するしかないのです。しかし、「ハイエナりょうこ」がこれしきのことで終わらせるわけがありません。

続いて、りょうこちゃんの右腕であるかおるくんがボールをつかみます。だめじゃないかりょうこちゃん、これを作っていた人たちに悪いだろ、などと言いながら、ボールを持ちつつ後退し、十分な距離を取るかおるくん。助走をつけて思いっきりボールを投げつける気か！　ひろしくんたちは近い将来訪れるであろう惨状を予想し、冷や汗を流しました。

十分な距離を取ったかおるくん。彼は大きく息を吸いこむと、ボールを手に持ったまま勢い良く走り出しました。

なむさん！　ひろしくんたちは覚悟を決め、その光景を見守っています。と、そこで、かおるくんは思わぬ行動に出たのです。彼は手に取ったボールをポイッと捨てると、そのまま秘密基地に向かい加速度を増しながら突進していくではありませんか！

「おおっとぉ！　足が滑ったあー！」

かおるくんは軽やかに大地を蹴って空を舞い、空中で回転を加えながら、強烈なかか

と落としを秘密基地に叩きこんだのです！　ダンボール製の秘密基地は、この鉄槌《てっつい》の如き一撃で完全に真っ二つに分断され、もはや原形を留めておりません。これにはさすがのひろしくんも開いた口がふさがりませんでした。まさか彼がここまでやるとは思ってもいなかったのです。全員、あんぐりと口を開けたまま、かおるくんのアクロバティックな一撃に放心しています。かおるくんはむっくりと立ち上がり、一仕事終えた後の最高にいい笑顔を浮かべながら、大声でこう言い放ちました。

「いやあ！　申し訳ないことをしてしまった！」

これを聞いて、放心していたひろしくんグループのみんなは、途端に怒りを思い出します。グループの一人、だいきくんが突然立ち上がりました。彼は今にも表に飛び出し、たとえ一人でも彼らとドッジボール対決をしかねない勢いです。そのだいきくんの腕を、ひろしくんがぐいと掴みます。すごい力です。それは「行くな」という、ひろしくんの意思表示に他なりませんでした。そんなひろしくんに向かって、だいきくんが叫びます。

「ひろしくんはあんなことされて悔しくないのかい！　僕は、僕は本当に悔しいよ！　ひろしくんの意気地なし！」

ここまで叫んで、だいきくんはハッと気付きました。そう、自分の腕を掴むひろしくんの手が血に濡れていることを。ひろしくんは悔しくないわけではないのです。むしろ、握り締めたこぶしから血が滲《にじ》む程に、彼は怒りに震えていたのです。ですが、これが罠であることをひろしくんは誰よりも理解しており、その烈火の如き怒りを呑みこみ、懸命に耐えていたのでした。

だいきくんは、それに気付いてペタンとその場に座りこみます。これがひろしくんの覚悟なのだと分かったからです。それからも、りょうこちゃんたちは秘密基地に陵辱《りょうじょく》の限りを尽くしました。彼女たちは、うっかり手や足を滑らせ続け、蹴る殴るのボディプレスにフライングメイヤーなど、秘密基地を完膚なきまで破壊したのです。ですが、そこまでされても、ひろしくんたちの中には、怒りに身を任せ外に飛び出すような者は誰もいませんでした。彼らはこの逆境をもって、逆にその結束を強めたのです。

---

**はなこちゃん**「りょうこちゃんの謀略は見事なものね！　二重三重に罠を仕掛け、ひろしくんの動きを封じているわ」

**ふくろう先生**「確かにりょうこちゃんの姦計は見事なものだったね。でも、この籠城戦はひろしくんの勝ちだよ。見事というなら、ひろしくんの籠城も見事なものなんだ。というのも、マキャベリは籠城に必要なものは『城壁』『堀』『水路』『大砲』といった防御施設、それから『燃料』『食料』『飲料』などと定義しているけど、ひろしくんの籠城は、ちゃんとそれらを備えているんだ」

**たろうくん**「ひろしくんは体調不良という適切な言い訳を防御に使い、お菓子、ジュースなどの『食料』『飲料』を用意し、楽しいテレビゲームを『燃料』に使って彼らを内に留めたんだね」

**はなこちゃん**「でも、彼らの秘密基地は壊されてしまったわ。あれで配下の友達との結束が逆に強まるというのが、私にはどうしても分からないのだけど……」

**ふくろう先生**「そうだね、これは理解し辛いポイントだと思うよ。いいかい、マキャベリによれば、籠城中は城壁の外に広がる平民どもの財産、たとえば彼らの家や田畑などは、すべて見捨てるべきだと言ってるんだ。そんなものまで守っていられないからね」

**たろうくん**「でも、それだと、そういった平民どもは君主を恨むんじゃないですか？」

ふくろう先生「それがそうじゃないんだよ、たろうくん。大体にして、攻めてきた敵が彼らの家や田畑に火をつけるのは籠城してすぐの頃なんだ。けれど、籠城してすぐの頃は、平民どもも国を守ろうという意欲に燃えているからね。そのことで君主を恨んだりはしないんだ。もちろん、平民どもの士気なんてものは数日もすれば消えてなくなってしまうけれど、その頃には彼らはもう財産を失った後だから、取り返しがつかないんだ。そこで、さらに彼らは特殊な感情を抱くことになる。自分たちは国を守るために財産を犠牲にした、そこまでして国を守ろうとしたのだから君主はきっと自分たちに恩義を感じているはずだ、とね。彼らは自分の財産を失いながら、かつ、君主との結び付きを勝手に強めるのだよ」

はなこちゃん「まさに愚民どもの愚かさに助けられるわけね。君主が平民どもに恩義を感じることなどあるわけがないのに！」

ふくろう先生「秘密基地の場合はひろしくんの財産でもあったわけだから、ちょっと事情が違うけれど、概《おおむ》ねのところは同じだよ。配下の友達は『ひろしくんのために秘密基地を犠牲にした』と思っていただろうね。それで、ひろしくんが自分たちに恩義を感じたと思いこみ、彼らの結束は強くなったんだ」

はなこちゃん「まあ！　ひろしくんも都合の良い部下を持ったものね。羨ましい！」

# 5年3組の勢力図　第9章

| よしお |
| --- |
| たくみ　やまと |

| はじめ |
| --- |
| まこと |

| りょうこ |
| --- |
| かおる　はやと　あおい　みさき　はるか　つばさ　りょう |

| ひろし |
| --- |
| だいき　みのる　たかし　ゆみこ　ようこ |

| まあや |
| --- |
| あやの　ともこ　ななみ　わかな　しおり |

| まなぶ |
| --- |
| さとし　たける　すぐる　たつや |

| ふとし |
| --- |
| なおき |

| かえで |
| --- |
| さくら　あかね　かれん　まなみ　さおり　めぐみ　ななこ |

# 第10章　聖職者による君主政体
## ――学級代表まなぶくんの脅威

　ひろしくんグループが、運動能力の不足からあのような恥辱に堪え忍ばざるを得なかった頃、学級代表のまなぶくんも、同様にグループの運動能力の低さに苦しんでいました。

　まなぶくんは大きな瓶底メガネにぼっちゃん刈りの、融通の利かない馬鹿真面目な印象を与える、典型的な学級代表です。しかし、それは彼の演出に過ぎません。5年3組の君主を狙う彼は、決してそのような融通の利かない堅物などではなく、必要とあらば悪に手を染めることすら辞さぬ柔軟な精神を持った子供だったのです。瓶底メガネなど典型的な学級代表ファッションは、先生の目を欺くための欺瞞に過ぎず、ほとんどの子供たちはまなぶくんの中に眠る獣性を感じ取っていました。

　しかし、そんなまなぶくんですが、運動は見た目の通りに全くダメなのです。彼もそれなりに努力はしているのですが、下の中といった程度でしかありません。もちろんドッジボールも下手くそです。このような力量では、通常ドッジボール大会を生き延びることなど不可能ですが、幸いにも、彼はたけるくんという運動神経抜群の手駒を持っていましたし、それ以上に、彼は学級代表という何者にも侵されざる立場にあったのです。

学級代表はその立場上、クラスで行われる様々な会議の司会や取りまとめ役を行うことになります。つまり、先生という強力な後見人の下で、クラス全員に対してリーダーシップを発揮する機会を定期的に得ることができるのです。また、学級代表はクラス会議での決定権をある程度握っており、さらに、卓越した力量を持つ学級代表であれば、自分の都合の良い方向にクラス会議を誘導することすら可能なのです。また、その立場を利用し、他の小君主との結び付きを強めたり、連携を行うことも容易でした。現にまなぶくんもひろしくんと秘密の協力関係にあり、最大勢力であるりょうこちゃんに対し、二人で連携し協力していたのです。

極めて強力な立場にある学級代表には、それだけで配下の友達が集まってきます。まなぶくんグループに所属しているたけるくん、すぐるくん、たつやくんなどは、まなぶくんの持つ「学級代表」という肩書きに引き寄せられたようなものです。なお、兄の威光により君主となったすぐるくんと違うのは、学級代表はクラスメートからの選挙によって選ばれるため、学級代表になるには相応の実力が必要になることです。

話を戻しましょう。まなぶくんはその学級代表という立場を使い、本番のドッジボール大会においては、使える手駒をさらに自陣に増やすことができたのです。さすがにりょうこちゃんが、かおるくん、つばさくん、りょうくんなどを手放すとは思えませんでしたが、他の中堅クラスのメンバーを加えるだけでも、まなぶくんは十分ドッジボール大会を切り抜けられるはずでした。ああ、学級代表のなんと強大なことでしょう。そう、まなぶくんがあんなミスさえ犯さなければ……。

---

**たろうくん**「ふくろう先生、学級代表ってそんなに強いものなんですか？　僕にはあまり実感が湧かないなあ」

**ふくろう先生**「学級代表は強いよ、たろうくん。学級代表は選挙で選ばれるところまでは共和制だけれど、学級代表になった後は聖職者による君主制、すなわち教皇のような存在になるんだ。イタリアにおける教皇はキリスト教という宗教的基盤に支えられていたからね。宗教行事があるごとに教皇はそれを取り仕切り、常に求心力となりえたんだ。同様に学級代表もクラス単位の行事があれば常に求心力たりえるんだよ」

たろうくん「そう言われれば、学級代表って強いのかなあ」

ふくろう先生「さらに言うとね、教皇の権威が強かったのはそれが宗教的基盤という、ひっくり返しようのないものの上に立てられていたからなんだ。教皇の存在を完全に消し去ろうとすれば、キリスト教も消し去らなければならない。でも、キリスト教が既に生活の一部となっているイタリアでそんなことはできっこないよね。同様に、学級代表という存在を完全に叩き潰そうとすれば、全国の小学校でまかり通っている学級代表のシステム自体を破壊しなきゃいけないんだ。どんなに力量のある子供でもさすがにそれは無理だろうね。確かに、謀略を用いて学級代表の力を限りなく弱めることはできるよ。でも、どんなにその力を弱めたって、学級代表はクラス会議があるたびに司会を行い、一定の立場を取り戻すんだ」

はなこちゃん「叩いても叩いても立ちあがってくるなんて、ゾンビみたいで気持ちが悪いわ。それに私は学級代表なんて嫌よ。みんなから信任を得て代表になるなんてダサいわ。私はあくまで自分の力量と謀略でもって君臨したいの！」

ふくろう先生「まあ、いろいろと学級代表のメリットを説明したけど、でも学級代表はどうしてもならなければならない、という程のものでもないから大丈夫だよ。学級代表の最大のデメリットはその任期の短さだね。一年の3分の1しか学級代表でいられないというのはあまりに短すぎる。マキャベリの頃の教皇も在任期間が平均10年しかなく、その短さゆえに大きな事業を成し遂げられなかったんだ。もっともイタリアの場合は、アレクサンデル六世という偉大な教皇がその状況を打ち破ったのだけど。そういうわけで、学級代表は確かに強いんだけど、任期の短さを考えるとそうたいしたことはできないというのも、また事実なんだね」

たろうくん「でも、はなこちゃんが学級代表を嫌う気持ちも分かるけど、こんなことで権力が握れるのだから、手段は選ぶべきじゃないと思うなあ」

はなこちゃん「……そうね。言われてみればその通りだわ。あくまで恐怖をもって支配したい私としては、みんなから信任を得るなんてカッコ悪くてヘドが出そうだけど、野望のためなら、たとえ悪魔に魂を売り渡しても覇道を邁進する心構えが必要よね」

ふくろう先生「じゃあ次は、そんなまなぶくんが犯した大きなミスを見ていくよ」

# 5年3組の勢力図　第10章

| よしお |
|---|
| たくみ　やまと |

| はじめ |
|---|
| まこと |

| りょうこ |
|---|
| かおる　はやと　あおい　みさき　はるか　つばさ　りょう |

| ひろし |
|---|
| だいき　みのる　たかし　ゆみこ　ようこ |

| まあや |
|---|
| あやの　ともこ　ななみ　わかな　しおり |

| まなぶ |
|---|
| さとし　たける　すぐる　たつや |

| ふとし |
|---|
| なおき |

| かえで |
|---|
| さくら　あかね　かれん　まなみ　さおり　めぐみ　ななこ |

# 第11章　傭兵について
## ――ふとしくんとはじめくんの怠惰

そして日は過ぎ、ドッジボール大会は目前に迫りました。どの仲良しグループも実力を磨き、謀略を駆使し、ドッジボール大会に挑もうとしています。しかし、その一方、事ここに至ってなお何の対策も打てぬまま困り果てているグループもありました。はじめくんのグループとふとしくんのグループです。たかしくんグループから離脱し、今は独自のグループを形成しているはじめくんグループ（構成員ははじめくんとまことくん）。それと、同様にすぐるくんグループから離脱したふとしくんグループ（ふとしくん、なおきくん）。彼らは四人とも、揃いも揃って運動がダメだったのです。

また、彼らは独自の一派を起こしたものの、残念ながら野望を果たすほどの実力は持ち合わせておらず、他のグループを侵略することはおろか、協力関係を結ぶことすら覚束ぬ程でした。そのため、ドッジボール大会を無難に乗りきるための最低限の戦力も戦術も用意できていなかったのです。他に協力者もいない彼らは、仕方なく四人で集まり相談することになったのです。四人のしょんぼりした会議が始まりました。

「モフー。はじめくん、何か良いアイデアはないかい？」

手に持ったポテトチップスをもふもふと頬張りながら、のんびりした口調でこう切り出したのはふとしくんです。ふとしくんは、その名の通り丸々と太った体の大きな男の子です。得意なことは給食の早食いで、人懐っこい笑顔と陽気な性格が取り柄ではありましたが、君主に必要な力量というものはほとんど持ち合わせていませんでした。

「いやあ、だめだよ。全然だね」

逆にはじめくんは、ひょろりと細長いめがねの男の子です。塾に通っているため、そこそこ勉強はできましたが、見るからに筋肉のないひょろひょろした体は、やはり運動には向いておらず、彼もまた君主たる器ではありませんでした。ちなみに、まことくんは担任の一文字先生をママと呼んでしまうようなママっ子であり、なおきくんは夜中に一人でトイレにも行けないような小心者でした。

そして、四人に共通した欠陥ですが、彼らはとにかく怠惰だったのです。物事を成し遂げるために、何か準備を重ねたり、地道な努力を行おうなどという気にはなれない性分だったのです。

「モフー。いまから少しでもドッジボールの練習をした方が良いのかな。面倒だけど」

「いや、僕は塾があるから、それはパスだなあ。面倒だし」

このように、彼らは最低限の努力すらする気が無かったのです。とても君主の器ではありません。まさに典型的な小人です。ですが、このような小人の浅ましい思慮が、しばしば賢君を惑わすいかさまを発明することになるのも、また事実なのです。

ふとしくんたちとしては、自分たちが活躍しないまでも、せめてどこかのグループに加えてもらい、その活躍に与ろうと考えていました。ですが、彼らはドッジボールをしても、一人もアウトにすることができない貧弱な男の子たちです。どのグループも彼らを喜んで迎えるとは思えません。しかし、そこではじめくんが、小人らしい姑息《こそく》な一計を思いついたのです。

「そうだ、ふとしくん。こうしよう。僕たちは違うグループに入って、お互いボールを当てっこするんだ。そうすれば、僕たちは少なくとも二人の敵を倒すことができ、それだけの実力はあると認めてもらえるよ。となれば、そのグループに加えてもらえる目が出てくるんじゃないかな？」

その場にいた全員が、それは名案だと感心しました。協議の結果、ふとしくんグループがよしおくんグループに、はじめくんグループがまなぶくんグループにそれぞれ加わる方向で話がまとまりました。そして、彼らはその姑息な計略の詳細を詰めていったのです。

一方、ドッジボール大会が近づき、まなぶくんは自分のドッジボールチームに加えるべき新しいメンバー、つまり傭兵を探していました。ドッジボール大会本番では一つのクラスを複数のチームに分けて出場させます。そのチーム分けは、クラスメートの合議で決まることに表向きはなっていましたが、実際は仲良しグループごとのパワーバランスで決定され、たとえば大勢力であるりょうこちゃんなどは、自分たちのグループで強力なメンバーだけを集めて非常に強いチームを結成することができるのです。まなぶくんは学級代表であるため、このチーム分けに対し、ある程度の影響力を持っていました。そのため、各チームのメンバーを一人二人操作するくらいのことは可能でしたし、自分のチームに傭兵を招くこともできたのです。もちろん、りょうこちゃんはかおるくんやつばさくん、それにりょうくんなどが引き抜かれないよう十分な対策を打っていましたから、まなぶくんといえど彼らに手出しはできなかったのですが。

そういうわけで、まなぶくんは自分のチームに誰を加えるべきか、他の仲良しグループとの折衝を重ねていたところでした。そこへ、はじめくんが「チームに入れて欲しい」と自分から声を掛けて来たのです。まなぶくんは気乗りがしません。はじめくんの運動能力が高くないことは、まなぶくんも良く知っていたからです。難しい顔をしているまなぶくんに、はじめくんが笑いかけます。

「まなぶくん、きみが僕を信用してくれない気持ちは分かるよ。確かに僕はあまり運動が得意じゃないからね」

あまりじゃなくて全然じゃないか。まなぶくんは自分のことなどすっかり棚に上げ、そんなことを考えています。はじめくんは気にせず続けました。

「でもね、僕とまことくんは、ドッジボール大会に向けて、二人で一生懸命練習を積み重ねてきたんだ。そりゃあ、かおるくんやたけるくんのように、すごく上手くなったとはいわないよ。でも、人並みの強さにはなったと思ってる。キャッチはまだ余り得意ではないけれど、ボールを投げるのは結構自信があるんだ。そうだ、今日の放課後、よしおくんのグループと試合をしてみようよ。僕たちの実力を見せられると思うんだ」

まなぶくんは疑い半分ながらも、試しにはじめくんたちをチームに加え、よしおくんのグループと試合をすることにしました。ふとしくんも同じようによしおくんに取り入っていたことは言うまでもありません。

放課後、二つのチームが例の公園に集まります。はじめくんとふとしくんは無事グループに取り入った互いの姿を確認し、ニヤリと汚い笑顔を浮かべます。そして、彼らの談合ドッジが始まりました。ジャンプボールの結果、最初はまなぶくんチームにボールが渡ります。ボールを手にしたのは、まなぶくんチームの守護神たけるくんです。すぐに、はじめくんが話しかけます。

「たけるくん、悪いが最初に僕にボールを渡してくれないか？　まなぶくんに僕の実力を見せたいんだ」

まなぶくんがたけるくんにアゴで指図します。彼にボールを渡してやれ、ということです。はじめくんとしては、たけるくんがふとしくんをアウトにしてはたまったものではありません。最初の一投で決めなければならないのです。

たけるくんからボールを受け取ったはじめくん。彼はアイコンタクトでふとしくんに合図を送ります。オーケー、分かったぜ。ふとしくんからアイコンタクトが返ってきます。それを確認し、はじめくんは大きく振りかぶり、「そりゃあ」と気合を発してボールを放ちました。しかし、彼のダイナミックなモーションとは裏腹に、ボールはひょろひょろとふとしくんへ飛んでいくではありませんか。まなぶくんは、それを見て落胆の色を隠せません。やっぱりはじめくんははじめくんだ。しかし、そのとき……。

ふとしくんの手にボールが届いた瞬間、彼は地面を蹴り、大きく後ろに跳ね飛んだのです。みんなには、ふとしくんがボールの威力に弾《はじ》き飛ばされたように見えたことでしょう。ドシィィンと大きな音を立て派手に転がるふとしくん。彼はあおむけに倒れたまま、手は空を泳がせつつ、さも苦しそうな声で叫びます。

「うわあ、なんという威力だ！　僕の巨体がここまで弾かれてしまった！」

えっ、あのひょろひょろ球が!?　まなぶくんは己が眼を疑いましたが、ふとしくんの巨体が横たわっているその光景は事実です。スピードこそなかったものの、実はすごく重い球だったのか？　まなぶくんがはじめくんに目を向けると、彼はこれが僕の実力だと言わんばかりに誇らしげな顔で笑いかけてきます。彼の実力は本物なのかもしれない……まなぶくんは段々そんな気持ちになってきました。

ふとしくんが弾いたボールを、すかさずなおきくんがゲットします。なおきくんはふとしくんグループの片割れです。彼は事前の取り決め通り、今度ははじめくんに向かってひょろひょろ球を投じます。先ほどと同じく派手に吹っ飛ぶはじめくん。「これがなおきくんの実力なのか⁉」と、よしおくんもビックリです。このようにして、はじめくんグループとふとしくんグループはお互いにボールを当てっこしてドッジボールを終えたのでした。

「いやあ、はじめくん。きみの力を疑って悪かったよ。ぜひともドッジボール大会では僕のチームに入ってくれないか」

まなぶくんはころりと騙されてしまいました。向こうでは、よしおくんがふとしくんに対し同じようなことを言っています。こうして、はじめくんたちは無事まなぶくんチームの傭兵として迎え入れられたのです。この光景を、一人たけるくんだけは「こいつらはアホか」と冷ややかに見つめていました。彼にはこの八百長試合も、ふとしくんやはじめくんの狙いも全てお見通しだったのです。しかし、彼はあえてそれをまなぶくんに伝えたりはしませんでした。この失政でまなぶくんの権威は下がり、自分一人の活躍がさらにクローズアップされることになるからです。

果たせるかな。ドッジボール大会本番で違うクラスを相手にすると、彼らのメッキはあっさりと剝がされてしまいます。ひょろひょろ球はやはりひょろひょろ球でしかありません。誰一人アウトにすることができず、彼らはお荷物以外の何物でもなかったのです。大切な助っ人枠に彼らを用いてしまったまなぶくんの無念はさぞ大きかったことでしょう。彼は学級代表という強力な権威を持ちながらも、それを有効に使うことができなかったのです。

こうして、よしおくんチームは惨敗、まなぶくんチームも、たけるくん一人が活躍したものの、やはり良い成績を残すことはできず、クラスのみんなから侮られるようになったのでした。その一方、りょうこちゃんチームは当然のようにドッジボール大会に優勝。その栄誉を称えられました。名声を得たりょうこちゃんはその余勢を駆って、ふとしくんグループとはじめくんグループを吸収。さらに勢力を強大なものとしたのです。

---

**たろうくん**「ふとしくんとはじめくんは本当にダメなやつらだなあ。それを見抜けなかったまなぶくんもまなぶくんだけど」

ふくろう先生「そうだね、たろうくん。そもそも外部の戦力、つまり傭兵に頼ろうとした時点でまなぶくんは間違っているんだ。マキャベリも傭兵は役に立たないと断言しているよ」

はなこちゃん「傭兵というと、なんだか戦闘のプロフェッショナルといったイメージがあるけど、役立たずなんですか？」

ふくろう先生「傭兵が戦闘のプロフェッショナルなのは漫画の中だけの話だよ。少なくともこの頃の傭兵は話が別さ。彼らは喰い扶持を求めて権力者に付いているんだけど、でも考えてごらんよ、そんな僅かな給料のために自分の命を危険に晒して戦おうとするかい？」

はなこちゃん「私ならそうはしないわ。人のために命をかけるなんて馬鹿らしいもの。貰えるものは貰っときたいけど、その代価として自分の命を支払うなんてまっぴらよ。そうね、戦争が無いときは口先だけで忠誠を誓い、戦争が起こったらさっさと逃げ出す。もしくは、隙を突いて雇い主を攻撃し、彼らの財産を全て奪う。私ならそうするわ」

ふくろう先生「そう、それが本当の傭兵の姿だよ。ね、傭兵は役に立たないだろう。雇っている傭兵が強かったなら、その傭兵は雇い主を確実に裏切るし、傭兵が弱かったなら、傭兵は破られてそのまま侵略されてしまう。傭兵を雇って役に立つことなんて何もないんだ。もし、ふとしくんやはじめくんがすごくドッジボールが上手くてもそれはそれで問題なんだ。彼らはまなぶくんの配下じゃないからね。まなぶくんからリーダーシップを奪いかねないんだよ。そして、マキャベリの時代の傭兵たちは、さらにろくでもないことをしていた。それが八百長戦争なんだ」

たろうくん「八百長!?　戦争で八百長をしていたんですか?」

ふくろう先生「考えてもごらんよ。傭兵隊長たちにとって自分たちの兵隊は大切な商売道具なんだよ。それなら、できるだけ消耗を減らしたい、つまり、できるだけ死人が出ないように戦争をしたいと思うのは当然じゃないかな。となると、八百長戦争しかないよね。この頃のイタリアの諸国家は各々が傭兵を雇っていたんだけど、傭兵たちはできるだけ死人が出ないように色々と決め事をしてから戦争していたんだ。たとえば、敵は殺さず捕虜にして返してあげる。夜間の奇襲はしない。冬の間は野営もしない。こんな八百長戦争をだらだらと続けながら、イタリアの諸国家はパワーバランスを保っていたんだよ。歴史家のブルクハルトは、これを『芸術品としての戦争』なんて呼んでいるね。でも、傭兵同士の戦争ならそれでも良かったけど、問題は外国の勢力が攻めて来たときだ。こんな約束を相手が守ってくれるわけないからね。現にイタリアの傭兵軍はフランスが攻めて来たときに、けちょんけちょんにやられてしまうんだ。この傭兵の悪弊により、イタリアはすっかり骨抜きにされていたんだよ」

**たろうくん**「そっかあ、まなぶくんチームも他のクラスと戦った時にメッキが剝がれてしまったしね」

**ふくろう先生**「繰り返すけど、傭兵を雇っても良い事など何もないんだよ。自分の独自の軍備を持ち、そして、いざ戦争になったときは君主自らが隊長として戦闘に参加する。嫌な戦闘を人任せにしていては、統治はできないんだよ」

**はなこちゃん**「私はちっとも嫌じゃないわ。自分の手で相手を恣《ほしいまま》に蹂躙する気分は最高よ！」

ふくろう先生「そうだね、その意気で頑張ろう、はなこちゃん」

# 5年3組の勢力図　第11章

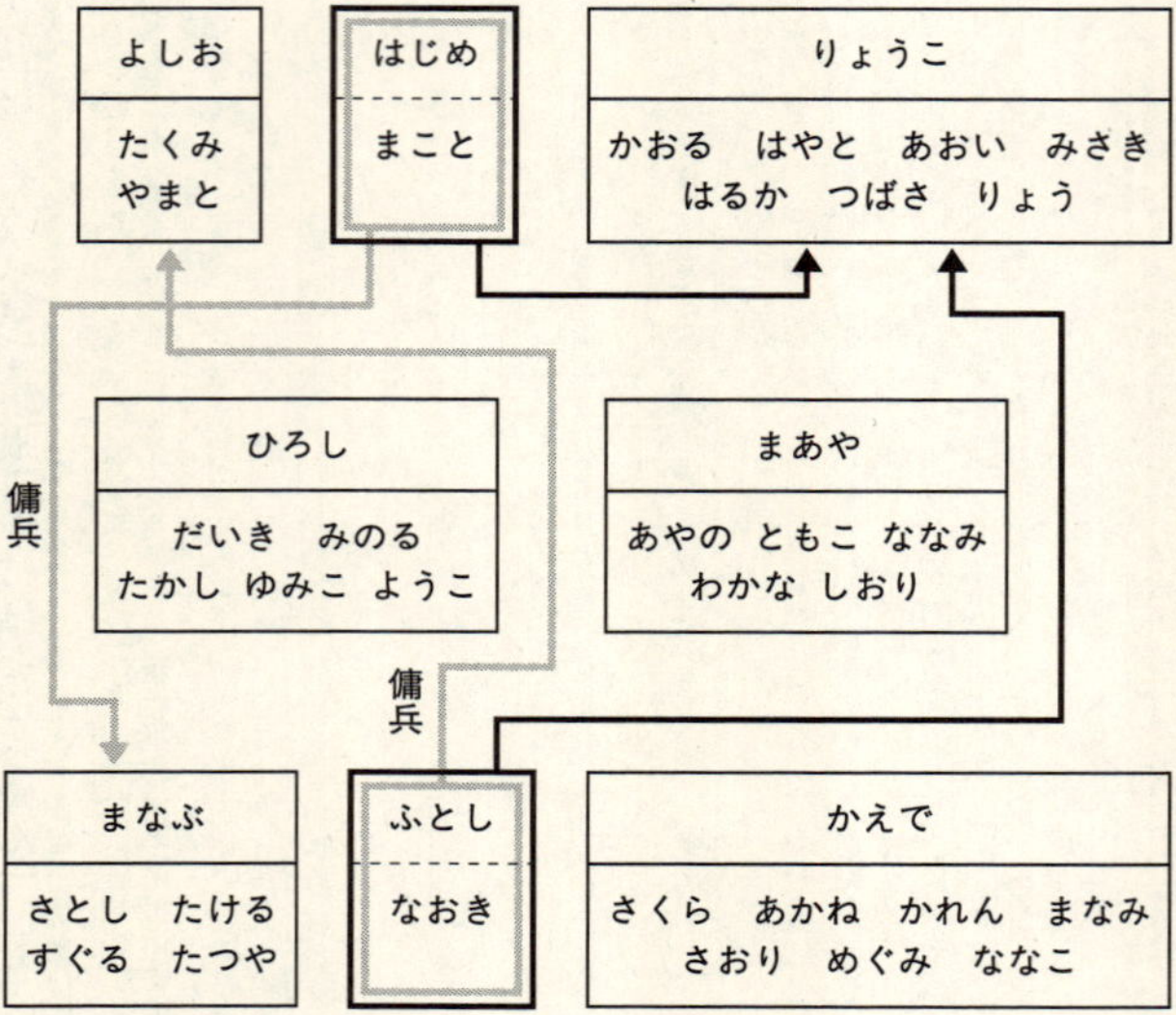
よしお
たくみ
やまと
はじめ
まこと
りょうこ
かおる　はやと　あおい　みさき
はるか　つばさ　りょう
傭兵
ひろし
だいき　みのる
たかし　ゆみこ　ようこ
まあや
あやの　ともこ　ななみ
わかな　しおり
傭兵
まなぶ
さとし　たける
すぐる　たつや
ふとし
なおき
かえで
さくら　あかね　かれん　まなみ
さおり　めぐみ　ななこ

# 第12章　援軍について
## ——獅子身中のかおるくん

学級代表という強大な権力を持ちながらもドッジボール大会に失敗したまなぶくん。その一方、ひろしくんはドッジボール大会で無難な成績を収め、りょうこちゃんの名声には遠く及ばないものの、クラスのみんなから侮られることだけは避けられたのでした。ドッジボール大会の後、りょうこちゃんはその余勢を駆って積極的な侵略を行い、結果、ひろしくんグループのたかしくんはりょうこちゃんグループに引き抜かれてしまいましたが、しかし、あれだけドッジボールに実力差がありながら、たかしくん一人という最小限の損失で抑えることができたのは、むしろ幸運であったと言えるでしょう。もし、ドッジボール大会直前、りょうこちゃんが仕掛けたあの姦計にひろしくんが引っ掛かっていたならば、この程度の損害では済まなかったはずです。そう、話はドッジボール大会の三日前に遡ります。

その日、5年3組は一種異様な緊張感に包まれていました。ドッジボール大会を三日後に控えた今日、ついに本番に向けたチーム分けが行われるのです。各グループとも、事前に学級代表のまなぶくんに話をつけており、ほとんどチーム分けは決まっているようなものですが、どこの誰が思わぬ姦計を用いて、この予定調和を崩しに掛かるとも限りません。子供たちはみな、あらゆる不測の事態を想定し、どのようなイレギュラーにも対応できるよう臨戦体勢を取っていたのです。クラスに満ちた異様な緊張感の正体はこれでした。

六時間目の授業が終わり、後は件《くだん》のクラス会議を迎えるだけとなりました。今回は何も起こらないのではないか、誰もがそう安堵していた頃です。みんなの緊張感が途切れ始めたころ、その間隙を突いて、りょうこちゃんが動き出したのです。

「ねえ、ひろしくん、ちょっといいかしら」

りょうこちゃんに後ろから肩を叩かれたひろしくんは「うわぁぁあ」と驚き慌てふためき、よろめきながら後ずさりします。そんなひろしくんの様子を見て、りょうこちゃんは屈託のない笑顔を振りまきました。

「やだ、ひろしくんったら。そんな幽霊でも見たかのように驚かないでよ。失礼しちゃうわ。うふふ」

しかし、ひろしくんにとっては、存在しない幽霊などよりも、目の前のりょうこちゃんの方が遥かに恐ろしいのです。ひろしくんほどの実力者ですらこれほど狼狽するほどに、5年3組におけるりょうこちゃんの権勢は大きなものとなっていたのです。誰もが見惚れる彼女の可憐な面立ちも、ひろしくんやまなぶくんにとっては、獲物を油断させ牙を立てるための毒々しい徒花《あだばな》にしか映りません。そんな彼女が親しげに話しかけてきたのですから、ひろしくんが警戒するのも当然の話です。

「ど、ど、ど、どうしたんだい、りょうこちゃん」

ガタガタと震えながら、ひろしくんが恐る恐る応えます。この日この時このタイミングでりょうこちゃんが話しかけて来たのです。彼女は何か狙っている、ひろしくんでなくともそう考えて当然です。

「あのね、ひろしくん。今日のチーム分けのことなんだけど……」

来た！　ひろしくんは咄嗟《とっさ》に身構えます。僕のチームから誰を引き抜く気なんだ⁉　だいきくんか？　みのるくんか？　それとも……！　不吉な想像ばかりがひろしくんの脳裏で渦巻きます。しかし、彼女の申し出はひろしくんの予想を大きく裏切るものでした。

「実はね、ひろしくんのチームにかおるくんを入れてあげて欲しいの」

――ビックリです。思ってもみないりょうこちゃんの言葉に、ひろしくんは唖然としました。しかし、彼が驚いたのも当然です。かおるくんといえば、りょうこちゃんの右腕と目されている男の子で、彼はこれまで必ずりょうこちゃんに付き従い、彼女の手足となって、いくつもの姦計を実行してきたのです。彼らの信頼関係は強固で、どのような謀略を用いようと彼らの仲を崩すことなどできはしないと言われていました。また、かおるくんの運動神経はクラスでもトップレベルであり、ドッジボール大会での彼の活躍は約束されたようなものです。大会を控えた今だからこそ確実に手にしておきたい人材であり、そのかおるくんを、まさかりょうこちゃんが自分から手放すなど、そんな旨い話があるわけないのです。

「というのはね、最近、ひろしくんたち、すごく熱心に練習してるでしょ。かおるくん、そんなひろしくんたちの頑張りを見て、僕もひろしくんたちと一緒のチームでドッジがしたい、って漏らしてたの……」

「しかし、りょうこちゃんのチームにとっても、かおるくんは大切じゃないのかい？彼はドッジボールがすごく得意なんだし」

それはそうよ、でもね。そう言って、りょうこちゃんは顔を赤らめながら続けました。

「確かにかおるくんと一緒のチームになれないのは寂しいわ。でも、私たちは親友だけど、だからこそ、かおるくんがひろしくんと一緒のチームになりたいっていうなら、私は応援したいの。そう思って、私、ひろしくんに話しに来たんだもの。かおるくん、私に遠慮してたみたいだし……」

ウソだ。ひろしくんは彼女の欺瞞を直ちに見抜きます。ひろしくんには、まずりょうこちゃんがかおるくんの自主性を認めているということが到底信じられません。りょうこちゃんほどの実力者であれば、かおるくんがどのような意志を持とうと、舌先三寸で自分に都合の良いように動かすことができるはずです。それに、りょうこちゃんがかおるくんのことを親友だなどとぬかしているのがこの上なく白々しく、とても信じられることではありません。彼女のような人間が、誰かを信頼したり、友情を感じたりするはずがないからです。ひろしくんは、彼女の真意を確かめるべく、注意深く彼女の顔色を窺います。

「私のチームなら大丈夫よ。私にはりょうくんやつばさくんがいるからドッジボール大会では十分がんばれるわ。それに、私のチームにばかり強い男の子が集まっているよりも、ひろしくんのチームにかおるくんが移った方が、5年3組が上位に進出できる可能性が高くなるでしょ」

そう言って、りょうこちゃんはにっこりと笑いました。実力の低い者であればうっかりとほだされてしまいそうな屈託のない笑顔です。しかし、やはりひろしくんにはりょうこちゃんの言葉の何もかもが信じられません。覇道を突き進む彼女が、クラス全体の成功など考えるはずもないからです。自分だけが活躍できればいい、むしろクラスの敵対する仲良しグループは全て無惨に惨敗すればいい、彼女はそう考えているに違いないのです。ひろしくんの疑念は拭《ぬぐ》えません。

ですが、りょうこちゃんとしても、この程度でひろしくんが引っ掛かるとは思っていませんでした。ここまでのひろしくんの反応は、りょうこちゃんの想定範囲内なのです。続いて、彼女はひろしくんの耳元でこう囁きます。

「それからね、ひろしくん知ってる？　実はまあやちゃんや、かえでちゃんってね、ひろしくんのことが好きみたいなの。今回のドッジボール大会で活躍して、ひろしくん、いいところ見せなよ。きっと彼女たちと仲良くできるよ。私も応援するからさ」

これがりょうこちゃんの狙いなのか……？　ひろしくんは、りょうこちゃんの狙いの一端を垣間見た気がしました。りょうこちゃんのこの言葉は、いわば小学生語とでも言うべきもので、彼ら小君主たちが己の権力への野望を包み隠すため、小学生らしい言葉遣いに意図的に変換しているものです。この言葉を嚙み砕くと「ひろしくんがドッジボール大会でそれなりの成績を収め、まあやちゃんグループ、かえでちゃんグループを吸収することをりょうこちゃんが容認する」という意味になります。もちろん、かおるくんを貸し与え、さらにひろしくんが力をつけることまで認めてくれるのですから、当然何か彼女にも条件があるはずです。

「でね。実は私、最近まなぶくんのことが気になってるの。ねえ、私まなぶくんと仲良くなりたいんだけど、ひろしくん、まなぶくんについて何か知ってたら教えてくれないかな？」

これです。りょうこちゃんの提示した交換条件とは、代わりに彼女がまなぶくんグループを吸収することを認め、手を貸せ、ということなのです。確かに、ひろしくんがまなぶくんグループを手に入れれば、5年3組はほぼひろしくんとりょうこちゃんの二大勢力という構図になります。おそらく、このまま時が流れていっても、いずれはこの構図となることでしょう。ならば、この機にこの形を自分から作り上げてしまうことも悪い選択ではありません。りょうこちゃんの申し出を断ったとしても、今回のドッジボール大会でりょうこちゃんが優位に立つのは明らかです。ならば、むしろここでりょうこちゃんの誘いに乗り、五分の状況を作り出すのも手ではあります。

「どう？　ひろしくんさえ良ければ、今から私がまなぶくんに掛け合ってくるけど」

こんな美味しい話を目の前に差し出され、ひろしくんはほとんど彼女の誘いを受けそうになっていました。と、そこへ、偶然かおるくんが通り掛かります。実際は偶然でも何でもなく、りょうこちゃんの仕掛けた通りのタイミングなのですが……。

「あ、かおるくん。ちょうどいいところに来たわ。いま、ひろしくんにこないだの話をしていたところなの」

え、りょうこちゃん、僕はきみのチームから離れる気はないよ。ううん、いいの、かおるくんの気持ち、分かってるから。ごめんね、りょうこちゃん。いいの私たち親友じやない。と、台本通り、一連の茶番劇が目の前で繰り広げられます。ひろしくんにはそれが茶番であることは当然分かっていましたが、しかし、提示された条件自体は確かに魅力的です。ひろしくんの心は固まりかけていました。そう、実際のかおるくんを目の前にし、彼の言葉を聞くまでは。

「やあ、ひろしくん! りょうこちゃんに言われちゃったけど、改めて僕の口からも言わせてもらうよ。きみたちの熱心な姿に心を打たれたんだ。僕をきみのチームに入れてくれないかな!」

ハキハキした声が澱《よど》みなく言葉を紡ぎます。引き締まった体軀。整った甘いマスク。爽やかな雰囲気。優しくて頼りになる運動神経抜群のスポーツマン。目が合うだけで同性であっても魅了されそうになるカリスマ。それが小学5年生かおるくんなのです。りょうこちゃんという偉大な小君主の下についていなければ、おそらく一つの仲良しグループを治めるには十分な力量を持つ男の子。それがひろしくんの目の前に立つ男、かおるくんなのです。

そして、改めて彼の偉大さを目の前にしたひろしくんは気付いたのです。りょうこちゃんの、真の狙いに……。かおるくんが、得意なドッジボールという土俵でひろしくんのチームに入れば、ひろしくんは彼に勝てるはずがないのです。むろん、君主は全ての団体競技においてどのメンバーよりも優れていなければならないわけではありません。

なぜなら、配下の友達の活躍は、全てその君主の指揮能力の高さと見なされるからです。たとえば、ひろしくんグループのだいきくんが、ひろしくんよりもドッジボールで活躍したとしても、クラスメートは「ひろしくんの素晴らしい指揮の下、だいきくんもよく頑張ったなあ」と評価するわけです。

ですが、かおるくんでは話が違います。かおるくんは全てのクラスメートから「りょうこちゃんの右腕」と見なされています。そのため、かおるくんの活躍は全てかおるくんの業績として評価され、ひろしくんの評価へは結びつきません。また、かおるくんはひろしくんの配下ではないため、ひろしくんの言うことなど聞きはしないでしょう。そして、となれば、彼はひろしくんの命令など聞かずともドッジボール大会で十分な活躍を見せるはずです。ひろしくんグループのみんなの気持ちがかおるくんに奪われるのは火を見るよりも明らかです。おそらく、ドッジボール大会が終わった頃には、ひろしくんグループのみんなはかおるくんを中心に団結していることでしょう。それはもはや、ひろしくんグループなどではなく、かおるくんグループと言うべきものです。後はかおるくんがグループを引き連れて、りょうこちゃんグループに帰れば作戦完了です。ひろしくんグループの内部破壊と吸収。これがりょうこちゃんの真の狙いだったのです！

実物のかおるくんを目の前にし、間一髪でこれに気付いたひろしくん。りょうこちゃんはここでかおるくんを引き合わせたことは逆効果だったと悟り、苦い顔をしています。

ですが、まだ危機を脱したわけではありません。下手にかおるくんの加入を拒めば終わりの会での弾劾を受けかねないのです。もちろんひろしくんは、かおるくんの加入を断るケースなど想像すらしていませんでしたが、幸いにも、彼は咄嗟に上手い言い訳を思いつきます。

「あ、ありがとう、かおるくん。きみが来てくれたら百人力だよ。ところで、明後日の放課後、ドッジボール大会に向けた最終調整を行おうと思うんだけど、これは絶対に出席して欲しいんだ。大丈夫かな?」

「明後日……うっ、木曜日かい、ひろしくん」

「そう、木曜日。とても大切な練習なんだ、出てくれるよね……かおるくん……」

このときほど、ひろしくんは情報の重要性を嚙み締めたことはありません。ひろしくんは、クラスの小君主や主だった有力者の情報を日頃から可能な限り収集していました。そして、かおるくんの家が八百屋であること、かおるくんは家の手伝いのため、木曜の放課後はまったく遊べないことなどを既に調べ上げていたのです。

結局、かおるくん加入の話はご破算となりました。かおるくんにしても「熱心な練習を見て心を打たれた」と言った手前、練習に参加できないのでは強く出ることもできません。りょうこちゃんは二人の目の前で舌打ちし、憎悪に満ちた目でひろしくんを睨《にら》みつけます。これほどのエサをぶら下げても食い付いてこないなんて……ひろしくん、手

強い相手! このとき、りょうこちゃんは、5年3組を統べるための最後の敵は間違いなくひろしくんになるだろう、そう確信したのでした。

---

**たろうくん**「りょうこちゃんは本当に恐ろしい子だなあ。そのままの戦力で普通にドッジボール大会に挑んでも、十分な戦果を挙げ名声を高めることができるのに、わざわざ自分の戦力を削ってまで、ひろしくんを陥れようとするなんて」

**はなこちゃん**「あら? 余力がある時に敵を叩くのは基本じゃないかしら。それにしても、りょうこちゃんの謀略は私好みね。援軍を送ると見せかけて実は内部破壊を狙っているだなんて。ひろしくんもかおるくんのような戦力が喉から手が出るほど欲しかったでしょうからね。こういう人の弱みに付け込むやり方、私大好き!」

**ふくろう先生**「うーん、はなこちゃん、残念だけど、それはちょっと違うんだ」

**はなこちゃん**「えっ、どういうことですか。ふくろう先生」

**ふくろう先生**「うん、援軍というものはだね、常に第三者の君主から遣わされてくるものだろう？　つまり、援軍というのは必ず腹に一物抱えて来るものなんだ。援軍に見せかけて内部破壊を狙ったというのではなく、援軍がそもそも崩壊の種に他ならないんだよ」

**たろうくん**「じゃあ、ふくろう先生、先の話で出た傭兵と援軍では、どちらが軍備として質が悪いんですか？」

**ふくろう先生**「どちらもよろしくないね。だが、どちらがより悪いかと言えば、援軍の方がさらに悪い。なぜなら、傭兵というのは皆が皆結束しているわけじゃないからね。もし、傭兵が君主を裏切ろうとしても、まず傭兵軍を一つにまとめあげなければならず、そこに時間を取られてしまう。しかし、援軍の場合は、その援軍を差し向けた君主の命令一つあれば、援軍は直ちに一体となって裏切りに出る。裏切られたときの危険性は援軍の方が遥かに大きいんだよ。傭兵は骨抜きになってて役立たず。援軍は強いけれど、その強さでもって直ちに牙を剥いてくる。結局、傭兵も援軍も使うべきではないんだ。自軍の軍備を増強するのが一番なんだよ」

はなこちゃん「分かりました、ふくろう先生。私はこれからも他人の援助などには何らの期待もせず、己が力量のみを恃んでがんばっていこうと思います」

# 5年3組の勢力図　第12章

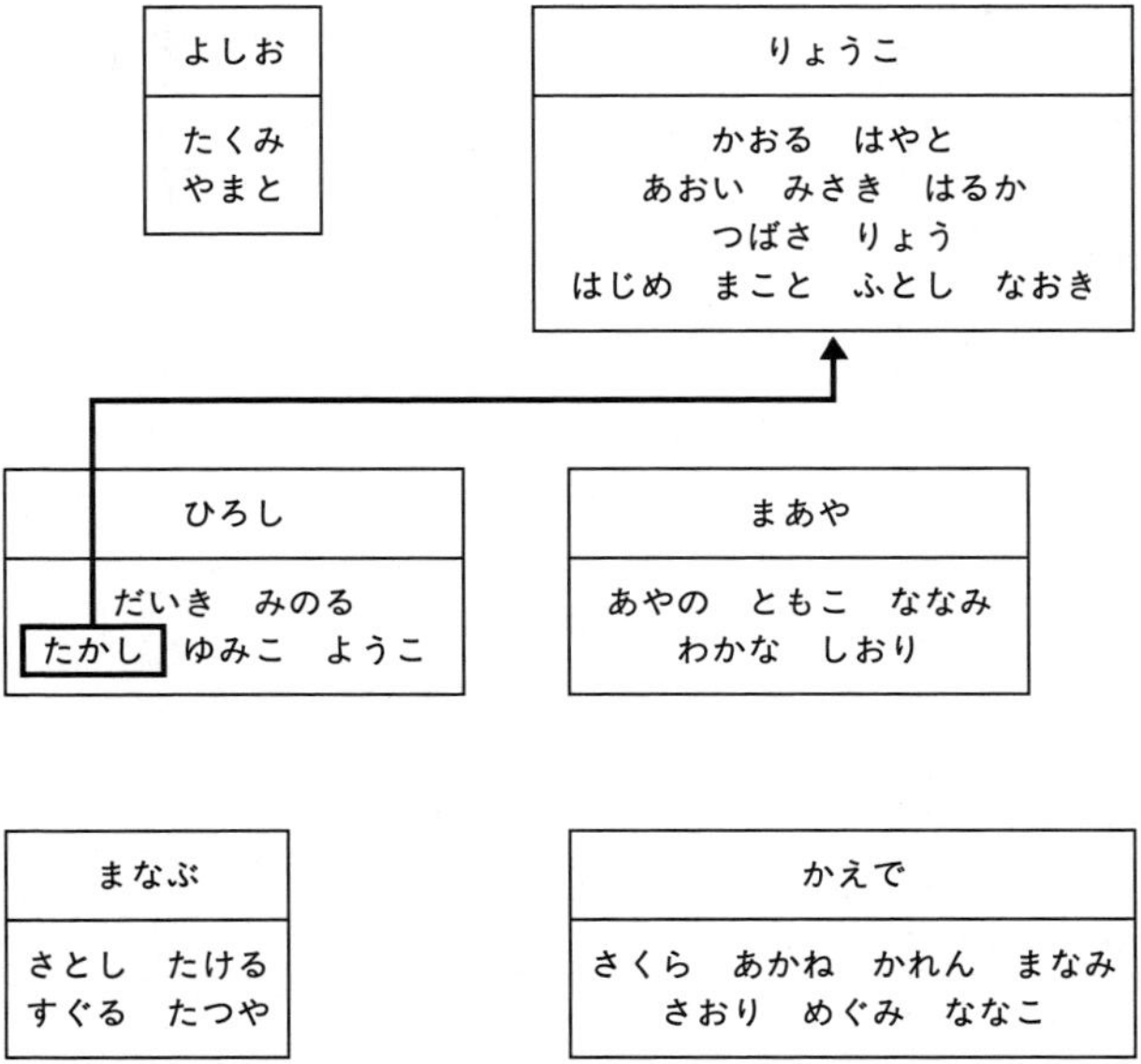
よしお
たくみ
やまと
りょうこ
かおる　はやと
あおい　みさき　はるか
つばさ　りょう
はじめ　まこと　ふとし　なおき
ひろし
だいき　みのる
たかし　ゆみこ　ようこ
まあや
あやの　ともこ　ななみ
わかな　しおり
まなぶ
さとし　たける
すぐる　たつや
かえで
さくら　あかね　かれん　まなみ
さおり　めぐみ　ななこ

# 第13章　君主が行うべき軍事訓練
## ――夏休みの戦略

ドッジボール大会からまた少し時は流れ、ひろしくんたちの学校にも夏休みが訪れました。これから約一カ月半の間、ひろしくんたちは、自分たちの自主性をもって、長い夏休み中の行動計画を立てなければなりません。もちろん、3組の専制君主を目指すひろしくんにとって、夏休みはダラダラ過ごすだけの期間ではありません。夏休みは覇道を目指すものにとっては大切な準備期間なのです。

夏休みが始まると、ひろしくんはまず自分の仲良しグループの友達を集め、最初の十日間で宿題をほとんど終わらせてしまいました。これについては、詳細は次の章に譲りましょう。そして、宿題を終わらせ、何も気がねすることのなくなったひろしくんたちは、残りの日々を思いっきり遊んで過ごしたのでした。

まず、ひろしくんたちはグループの友達と外で遊ぶことにしました。遊びは缶けりです。缶けりという遊びはかくれんぼの一種で、かくれている人を見つけた鬼は「〜〜くん、みっけー」と言いながら、置かれている缶を3回踏みます。そうすると、見つかった人は鬼に捕らわれてしまうのです。しかし、誰かが鬼よりも早く缶を蹴飛ばしたなら、それまで鬼に捕まっていた人は全員解放され、鬼は最初からやりなおしになってしまうという遊びです。

用兵に定評のあるひろしくんは、やはり缶けりにおいても類稀なる指揮能力を発揮します。彼は適切な戦術を選択し、配下の友達に最適な役割を分担、完璧なタイミングで作戦を実行し、そして確実に鬼の缶を蹴り飛ばしました。配下の友達はみな「ひろしくんの指揮に従っていればだいじょうぶ」という思いを強くしました。

しかし、あまりにも鬼が負け続けるので、鬼をやっていた友達は半べそになってしまいました。そこで、ひろしくんが優しく話しかけます。

「鬼が一人ではきついようだね。じゃあ、鬼を二人に増やそう。そして僕も鬼になろうじゃないか」

ひろしくんは自分から鬼を買って出ることで、自分が人間味のある愛情溢れる君主であることをアピールしたのです。もちろん、これでひろしくんが連敗することになってしまえば、配下の友達は「なんだ、誰の指揮でも勝てるじゃないか。別にひろしくんがすごかったわけじゃないんだな」と思うに決まっています。鬼を買って出たひろしくんの優しさなどは消し飛び、ただひろしくんへの侮りの気持ちだけが残るのです。ですから、ひろしくんは必勝を期して鬼を二人に増やしたのでした。その結果、ひろしくんは今度は無事に鬼を勝利に導き、配下の友達からさらなる信頼を得ることに成功したのです。

ひろしくんたちはこのように午前中は缶けりを楽しみ、午後からは昆虫採集や自分の町の探検をして元気に遊びました。普段は遊びに行かないようなちょっと遠いところや、いつも使っている道から逸れた細い脇道を進んだりして、ひろしくんたちはいろんな発見をしました。初めて見る珍しい昆虫を捕まえたり、新しい駄菓子屋さんを見つけたりしたのです。

「ここの公園にはみんなで遊べる遊具があるぞ」

「こういった山にはクワガタがたくさんいるものだなあ」

ひろしくんは多くのことを学びました。

そんなあるとき、ひろしくんはクラスメートのよしおくんを見つけて呼びとめます。

「おうい、よしおくんも一緒に遊ぼうよ」

しかし、よしおくんは「夏休みは家で一人でテレビゲームしてるんだ、ごめんね」と言って帰ってしまいました。ひろしくんはよしおくんのこの言葉を聞き、陰でニタリと笑いました。

一日中外で遊んだ後は、家に帰って読書です。読書は夏休みの宿題である読書感想文のためでもありましたが、ひろしくんは夏休みの間中、毎日本を読みつづけ、宿題で指定された冊数以上の本を読破しました。ひろしくんが好んで読んだのはナポレオンや始皇帝などの伝記で、それらから様々な知識を得ました。そして、彼らの過ごした時代背景、戦争に至るまでの経過、その時用いられた戦術とその結果、彼らの成功と失敗、それらをレポートにまとめ読書感想文として提出したのでした。

---

**ふくろう先生**「いいかい。マキャベリによれば、君主は平和なときでも遊んだりしてちゃダメなんだ。平和なときこそ戦争になったときのことを考えて、軍備を整えたり、訓練をしたりしないとダメなんだよ。どんなに平和であっても、いつも戦争のことを考えるのが大切なんだ。とにかく戦争だよ。これはきみたちのようにクラスの覇権を狙う小学生にも同じことが言えるんだ」

**たろうくん**「僕たち小学生は、夏休みの間に二学期に備えて準備をしなきゃいけないってことですね」

ふくろう先生「そう。ひろしくんはしっかり準備をしているけど、よしおくんはうっかりテレビゲームにはまってしまったね。これはよしおくんの大きなミスだよ。二学期が始まれば、よしおくんと他の小君主たちとの力量差は明らかになっているだろうからね」

はなこちゃん「ひろしくんが夏休み中に行っていた、缶けり、昆虫採集、町内探検、読書などが君主が行うべき準備なんですか？」

ふくろう先生「うん。順に説明していこうね。君主が平和なときに行う戦争のための準備は三つあるとマキャベリは言ってるんだ。まず一つは軍事訓練だよ。自分の配下の兵士が戦争のときにちゃんと君主の言うことを聞いて動くように、日頃から兵士を統御する訓練をしなきゃいけないんだ」

たろうくん「わかった！　だからひろしくんは自分の配下の友達を集めて缶けりをしたんだね！」

はなこちゃん「でも、缶けりが配下を統御する訓練になるものなのかしら？」

**ふくろう先生**「もちろんなるとも！　缶けりという遊びは他の遊びと比べても極めて戦術性の高い遊びなんだ。鬼が守っている缶をどうやって蹴り飛ばすか、一斉になだれ込むか、時間差で攻めるか、それとも囮《おとり》を使うか。適切な戦術を選択し、各員に役割を分担し、そして行動のタイミングを指示する。缶けりはまさに本物の戦争と変わらないよ。そして、君主はこの缶けりに常に勝利し、自分の指揮能力の高さをアピールしなければならないんだ。そうすれば、二学期以降、もっと大切な局面が訪れた時でも、配下の友達は君主の言うことに素直に従ってくれるはずだからね」

**はなこちゃん**「配下の友達に『君主様の命令に従うことは楽であり安全である』と刷り込ませるのが大切なのね」

**たろうくん**「なるほど。ふくろう先生、僕も明日からみんなと缶けりをして、自分の偉大さをみんなに知らしめるよ。それで、マキャベリは他にどんなことを推奨してるんですか？」

**ふくろう先生**「軍事訓練に続いてマキャベリが推奨しているのは狩猟だよ。狩猟をすれば野山を駆け回るから体が丈夫になるし、それにその土地の地形にも詳しくなれるんだ。土地の地形に詳しいということは、その土地で戦争をするときにすごく有利なことなんだよ。また、ただその土地での戦闘が有利になるだけじゃない。その土地の地形を熟知することで、初めて訪れる土地であってもある程度類推から地形を判断できるようになるんだ。地形なんてどこも似たようなものだからね」

**たろうくん**「だからひろしくんは、昆虫採集や町の探検をして、体を鍛えつつ地形の把握に努めたのかあ」

**はなこちゃん**「そういった日頃の努力があって、初めて『駄菓子屋の妙計』のような謀略が可能になるわけね」

**ふくろう先生**「マキャベリが挙げている戦闘準備として、最後に紹介するのが『先人の行動を参考にする』というものだよ。歴史書から先人たちの成功や失敗を学び教訓とするんだ。それもあってひろしくんは、中国を統一した始皇帝や、軍事・政治両面で活躍したナポレオンなどの伝記を読んで教訓を得ていたんだね。野口英世やヘレン＝ケラーも確かに立派な人物だけれど、君主を目指すきみたちが彼らから学ぶことなんて何もないから、それよりも始皇帝やナポレオンといった乱世の奸雄から教訓を導き出すべきだよね」

**たろうくん**「うん、分かったよ。僕も夏休みの読書感想文は野口英世じゃなくて始皇帝を選ぶよ」

**はなこちゃん**「私もヘレン＝ケラーじゃなくてナポレオンを書くわ」

**ふくろう先生**「読書感想文は、彼ら偉人が戦争にあってどのような戦略を取ったのか、そして、彼らの勝因と敗因は何かといった点を、歴史的背景と共に熟慮しつつ書くことが大切だよ。主に彼らの起こした戦争と統治方法について読みこもうね。戦争と統治に関係しない部分は、何の役にも立たないから読み飛ばしてしまって構わないよ」

**たろうくん、はなこちゃん**「クラスで覇道を唱えるため、夏休みもがんばるぞ！」

## 5年3組の勢力図　第13章

| よしお |
| --- |
| たくみ<br>やまと |

| りょうこ |
| --- |
| かおる　はやと　たかし<br>あおい　みさき　はるか<br>つばさ　りょう<br>はじめ　まこと　ふとし　なおき |

| ひろし |
| --- |
| だいき　みのる<br>ゆみこ　ようこ |

| まあや |
| --- |
| あやの　ともこ　ななみ<br>わかな　しおり |

| まなぶ |
| --- |
| さとし　たける<br>すぐる　たつや |

| かえで |
| --- |
| さくら　あかね　かれん　まなみ<br>さおり　めぐみ　ななこ |

# 第14章　君主が褒められたり貶されたりすることについて

## ——夏祭りとひろしくんの英断

ところで。

前章にて、ひろしくんが夏休みの最初の十日間で宿題をほとんど終わらせてしまったことについて述べましたが、これは一体どういう理由によるものだったのでしょうか。それは夏休みに入る前日のことでした。

一学期終業式の日、明日から夏休みということで、ひろしくんグループの配下の友達はみんな気分が舞いあがっていました。しかし、そんなみんなをひろしくんは強く嗜《たしな》めます。夏休みは遊べるばかりじゃないんだぞ、宿題のことを忘れたのか、毎年苦労しているだろう、と。ひろしくんの言葉に毎年の辛苦を思い出し、途端にしゅんとなる子供たち。夏休み最終日は、ほとんどの子供たちにとってトラウマなのです。そこで、ひろしくんはかねてより考えていた政策を発表します。それは、夏休み最初の十日間で集中的に勉強して宿題を終わらせ、残りの日々を心置きなく遊ぶという強行軍でした。

このことを説く際に、ひろしくんはその根拠として以下の五つの理由を掲げました。


一つ、僕たちは計画的に宿題をしようとしても、必ずどこかで怠けてしまうこと。

二つ、僕たちの立てる計画は概して楽観的に過ぎること。

三つ、たとえ僕たちが奮起していても、風邪をひくなど思わぬ事態が起こること。

四つ、家族旅行などは親の気まぐれに左右され、計画が乱れること。

五つ、自由研究、写生などはどうしても腰が重たくなり、切羽詰るまで取り掛かれないこと。


これらが原因で毎年自分たちは夏休みの宿題に失敗しているのであり、これらを避けるためには最初の十日間で集中して宿題を済ませ、また、写生などの面倒くさい宿題はお互いに励ましあって成し遂げねばならないことを、ひろしくんは友達に説得したのでした。配下の友達もひろしくんの説得を聞いて納得し、毎日の絵日記と、本を読むのに時間の掛かる読書感想文だけは残し、他の宿題は全て十日間で仕上げることにしたのです。こうして、彼らの宿題三昧の十日間が始まりました。

しかし、最初は納得していた配下の友達も、いざ事を実行に移すとなれば話は別です。太陽は燦々と輝き、外では子供たちのはしゃぐ声が聞こえてきます。そんな中、丸一日部屋に閉じこもって宿題ばかりをしているのは相当の精神的苦痛でした。次第に配下の友達から不平不満が漏れ始めます。

「ひろしくん、毎日少しずつやっていってもいいんじゃないか？」

「もうこんなにもやったんだから後は少しずつやっていけば大丈夫よ。もうやめて遊びましょう」

しかし、ひろしくんは彼らの言葉に耳を貸さず、あくまで当初の予定を推し進めました。先に挙げた五つの理由から、計画的にコツコツ宿題をするなど土台無理な話だとひろしくんには分かっていたのです。いまここで方向転換してしまえば、夏休み最終日に惨状を招くことは火を見るより明らかなのです。

また、配下の友達ばかりではなく、その保護者からもひろしくんの政策に対し批判の声が上がりました。保護者というものは、子供が夏休み中、毎日少しずつ、計画的に宿題をすることを望むものです。そんなことはできるはずもないのに。そして、毎年夏休み最終日にそのツケを支払わされ、子供の代わりに図画工作をしたり、計算ドリルを手伝ったりするハメに陥るのです。しかし、喉元過ぎれば熱さを忘れるとの言葉通り、保護者たちもすぐにその苦労を忘れ、子供に厳しく注意さえしておけば今年こそは計画的に宿題を成し遂げるだろうと思いこむのです。そんなことができるはずもないのに。

配下の友達はそんな保護者の言葉を盾に、さらにひろしくんに文句を垂れます。ひろしくんへの非難や侮蔑は日毎に高まり、配下の友達は声を荒げてひろしくんを指弾するまでに至りました。ですが、ひろしくんは配下の友達と保護者たち、その両者の暗愚を抑えこみ、時には説得し、時には懐柔し、時には怒鳴りつけ、時には謀略を用い、その力量の全てをもって、十日間で計画通りに宿題を終わらせてしまったのです。この地獄のような十日間をくぐり抜けた子供たちが、どれほどの解放感に包まれたかは言うまでもありません。宿題を終わらせた彼らは、まさに羽化登仙の思いで毎日を楽しく遊び過ごしたのでした。

そして、子供たちは夏休み最終日を迎えます。最終日である8月31日は、この地域の子供たちみんなが楽しみにしている「目立こども祭り」があるのです。お母さんから特別なお小遣いをもらった子供たちにとって、たくさんの屋台が並ぶこのお祭りはまさに酒池肉林。みんな、この一日は放縦の限りを尽くして遊び呆けるのです。ひろしくんたち仲良しグループも例外ではありません。特に今年は宿題で家族を困らせなかったご褒美として、みんなお小遣いをたくさんもらったようです。ここに来て、みんなは初めて、ひろしくんのやり方が全面的に正しいものであったと考えるようになりました。まさに、喉元を過ぎて十日間の辛さを忘れていたわけです。彼らは潤沢なお小遣いを持ってお祭りを楽しく遊び尽くし、ひろしくんへの信頼を深めたのでした。

このように、ひろしくんたちは宿題を早く終わらせていたため、8月31日を楽しい思い出に変えることができました。しかし、この日は、他のほとんどの小学生にとっては懺悔《ざんげ》と悔恨の日でしかありません。彼らは山のように積まれた宿題を前に「もっと早くから勉強しておけば良かった」「毎日こつこつと宿題すれば良かった」などと後悔するのです。もちろん、そんなことができるはずもないのですが。そして、父、母、兄、姉、などにすがりつき、一日中叱られ、泣きながら、宿題をなんとか形だけ処理するのが毎年の慣例なのです。当然お祭りになど行けるはずもありません。そして、彼らは自分たちのグループの小君主を呪うのです。「あいつが毎日遊びに誘うからだ」「あの子がもっと適切な宿題計画を立てれば良かったのよ」と。彼らは自分たちの怠惰や無計画を棚に上げ、お祭りに行けなかった怒りを全て小君主にぶつけるのです。

このように、お祭りに行けなかった子供たちの恨みはそれはそれは大きなものです。このお祭りに参加できないということは、彼らの信頼関係は修復不可能なまでに破壊されたということであり、過酷な君主争いレースから脱落したも同然です。だからこそ、ひろしくんはあれだけの非難を受けながらも、宿題を確実に終わらせたのでした。

ひろしくんは、このお祭りでりょうこちゃんグループとまなぶくんグループに出会いました。３人ともお互いが無事宿題を終わらせこの場にいることを知り、相手を睨《ね》めつけ舌打ちしました。りょうこちゃんグループはみな目の下にくまを作っており、宿題との激戦の様子が見てとれます。さすがのりょうこちゃんも今回は苦しい戦いだったようです。一方のまなぶくんはひろしくん同様平然とした体であり、完璧な宿題計画を成し遂げた様子でした。さすがは学級代表です。だてにメガネはかけていません。

と、このように、彼ら三者はともかくも宿題を終わらせ、お祭りに姿を現したのです。しかし、逆によしおくん、まあやちゃん、かえでちゃんといった小君主グループは最後までお祭りに姿を現しませんでした。お祭りに来ていないということは、彼らはいまも必死に宿題に立ち向かっているということであり、それは彼らが配下の友達から並々ならぬ恨みを買っているということです。彼らの勢力は二学期では弱体化しており、もはやひろしくんたちの相手にもならないでしょう。

現に二学期が始まってすぐ、よしおくんグループは内部崩壊を起こしました。よしおくんグループのたくみくんとやまとくんは、お祭りに行けなかったのは全部よしおくんの無計画のせいだと責め立て、逆に無事に宿題を終わらせ、お祭りを楽しんだひろしくんやまなぶくんのグループに憧れを募らせました。そこへ、ひろしくんとまなぶくんが動き出し、ひろしくんはたくみくんを、まなぶくんはやまとくんをそれぞれ自分の勢力下へと吸収したのです。さらに、よしおくんが君主への野望を諦め、ひろしくんの下へと身を寄せたため、ここによしおくんグループは完全な崩壊を迎えたのでした。

**たろうくん**「ここでついによしおくんがリタイアかあ。ふくろう先生、よしおくんの受けた悪評はグループが崩壊するほど致命的なものだったけど、ひろしくんの受けた悪評はそれほどではないんですよね。この違いは何なんですか」

**ふくろう先生**「うん。マキャベリは君主が悪評を受けることについて、悪評を三つの種類に分けて説明しているよ。すなわち、『政権を失う怖れがあるほどの悪評』は何としても避けろ。『政権を失うほどではない悪評』はできるだけ避けろ。避けられないならさりげなくやり過ごせ。そして、逆に『政権を守るために甘んじて受けなければならない悪評』ならば、悪評を受けることを怖れてはいけない、とね」

**たろうくん**「うわあ、マキャベリは厳しいことを言うなあ。僕は誰に対してもいい顔をしていたいんだけど、それではダメってことですよね」

**ふくろう先生**「そうだね、たろうくん。確かに美徳と言われる全ての性質を君主が身につけて実行するなら、誰からも誉めそやされるかもしれない。でもね、人間である以上、そんなことは到底無理なんだ。美徳を実行していても、それが原因で破滅することもあるし、逆に悪徳を行っても、そのために己の安全と繁栄を手にすることだってあるんだよ」

**はなこちゃん**「道徳的に良いことをしていれば自然と良い結果が生まれるなんて、そんなことは絵空事だというわけですね。その考えには全面的に賛成です」

**ふくろう先生**「マキャベリはとにかく政体の維持を最優先に考えているんだ。『政体を守るためにはどうすれば良いか』という逆算から行動すべきということだね。その行動が美徳であるか悪徳であるかはさほどの問題ではないんだ。ひろしくんの場合で言うと、夏休みの宿題は計画通りコツコツとやっていくのが本当はベストだよね。でも、そんなことは実際にはできやしないんだ。もし、ひろしくんが美徳のみを求めていたならば、彼は夏休みの宿題をコツコツやろうとしただろうし、そして失敗しただろうね」

**たろうくん**「配下の友達や保護者から悪評を受けても気にせず、『宿題を一気に終わらせる』という悪徳を貫いたんですね」

**ふくろう先生**「そう、夏休み最終日のお祭りに参加できないことは、そのグループにとって大きなダメージだから、これは何としても避けなければならない。そのためには多少の不平不満を受けようと、無理して宿題を終わらせるしかなかったんだ。ひろしくんの受けた悪評は『グループを守るために甘んじて受けなければならない悪評』だったんだね。その結果、ひろしくんのグループは逆に以前より信頼関係を深めることになったのだし、結果オーライなんだよ」

**はなこちゃん**「悪評を恐れず信じる道を突き進んで良いなんて、とっても頼もしい言葉だわ。私はこれからも愚民どもの悪評など気にも留めずに頑張ります」

**ふくろう先生**「その意気だよ、はなこちゃん！　じゃあ次からはお祭りに来れなかった小君主たちのその後を見ていこうね」

# 5年3組の勢力図　第14章

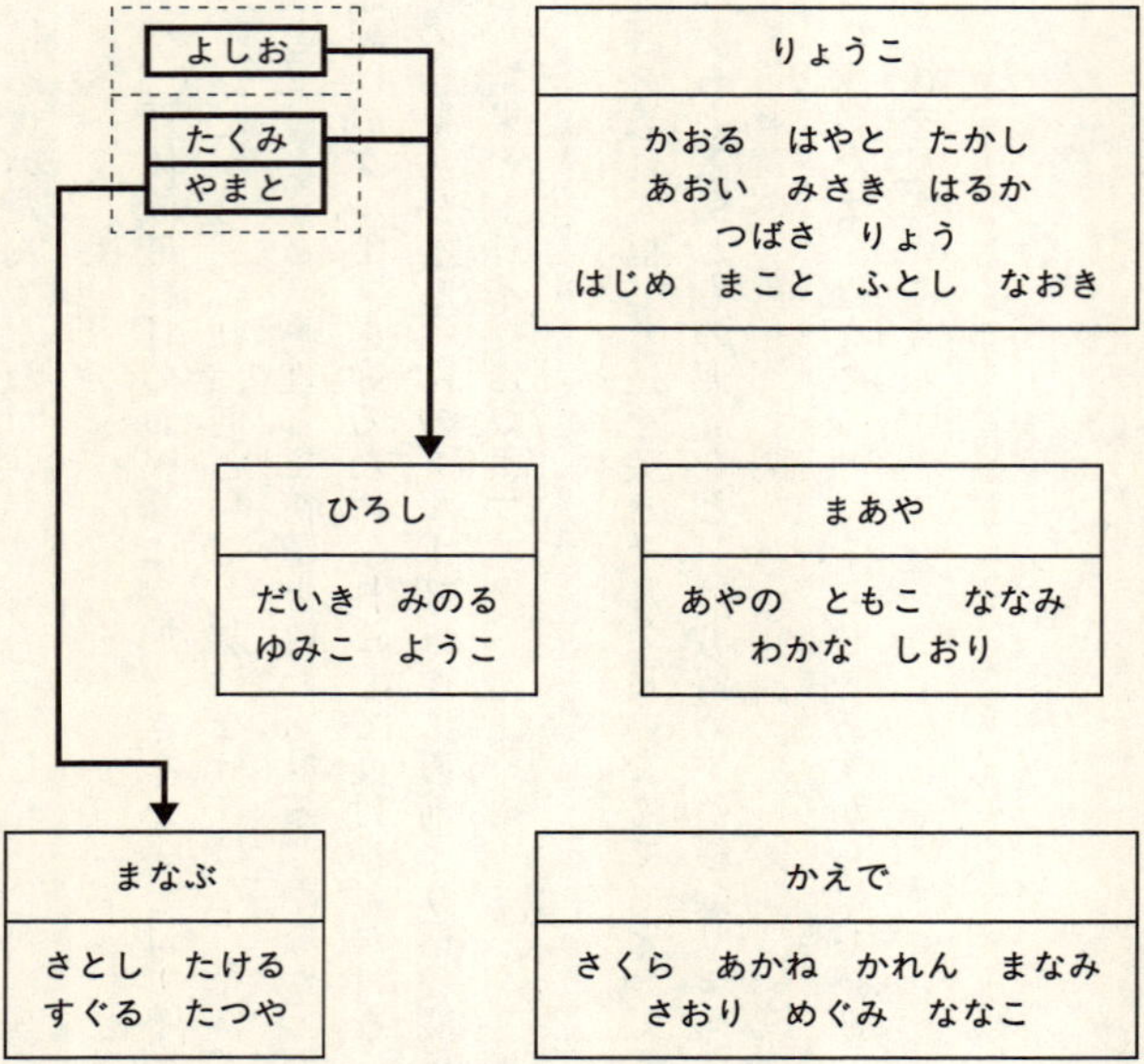
よしお
たくみ
やまと
りょうこ
かおる　はやと　たかし
あおい　みさき　はるか
つばさ　りょう
はじめ　まこと　ふとし　なおき
ひろし
だいき　みのる
ゆみこ　ようこ
まあや
あやの　ともこ　ななみ
わかな　しおり
まなぶ
さとし　たける
すぐる　たつや
かえで
さくら　あかね　かれん　まなみ
さおり　めぐみ　ななこ

# 第15章　気前の良さとケチ
## ――プリンで脱落、まあやちゃん

さて、夏休みにおける失策で、その評判を地に堕としたまあやちゃんとかえでちゃんですが、この大失敗により、彼女たちにはすでにグループを持ち直す力は残っていませんでした。実際に、まあやちゃんのグループは二学期が始まって少し経った頃に自滅してしまったのです。その直接の原因となったのは、ある日の給食で配られたプリンでした。

第7章でも触れましたが、とにかく小学生にとってプリンとは格別な存在です。誰もがその魅力に憑《と》りつかれ、プリンの前では理性を失ってしまいます。ひろしくんやりょうこちゃんとて例外ではありません。プリンの魔力とはそれほどのものなのです。

そんなプリンが給食で出るとなると、これはもう大変です。朝からそわそわと落ち着きのない子もいれば、プリンのことで頭がいっぱいで授業をちっとも聞いていない子もいます。気が昂ぶって子供同士のケンカも起こりやすくなりますし、逆にプリン以外のことが考えられず無気力になる子供も出てきます。そのような異常状態の中、彼らは給食の時間を待ち望み、いざプリンが配給されると狂喜乱舞して喜ぶのです。

そして、日々謀略を重ね、お互いを出し抜きあってきた5年3組の子供たちも、プリンの前では話が別です。この時だけは彼らは日頃の憎しみを忘れ、みんなで仲良くプリンを分かち合い、美味しく平らげるのです。小君主たちは敵対する勢力の友達はもちろん、配下の友達のプリンを奪うことすらしません。プリンに関しては完全に公平なのです。もちろん、休んだ子がいた場合でも、その子のプリンは公平にジャンケンで取り合います。これらの紳士協定は不文律として子供たちの間で成立していました。なぜなら、プリンを巡って彼らが本格的に対立したならば、クラス中に怨嗟《えんさ》が渦巻き、安定と均衡は永久に失われてしまうからです。そんな状態のクラスを征服してもなんにもなりません。どの小君主たちも、そのカタストロフィを怖れており、プリンに関してだけは公明正大な態度を貫いていたのです。遠足において、あれだけの極悪非道を発揮したまあやちゃんですら例外ではありませんでした。

さて、給食が配給され、みんなはいつも通り仲良しグループで集まり、待ち望んだその時間を楽しむことになりました。みんな大好きなプリンは最後に残して、牛乳をごくごく飲んだり、コッペパンをむしゃむしゃかじったり、とにかく急いで給食を頬張っています。早くプリンが食べたくてみんな必死なのです。まあやちゃんのグループも、やはりみんなと同じように給食をせっせと詰め込んでいました。

と、そのときです。まあやちゃんグループのななみちゃんが、急にげほげほと苦しみはじめたではありませんか。一体、どうしたというのでしょうか？　彼女の給食に何か謀略が仕込まれていたのでしょうか？　いえ、違います。どうやらななみちゃんは急いで給食を詰め込んだため、むせてしまっただけのようです。

「あら大変。ななみちゃん、早く牛乳をお飲みなさい」

みんなが優しくななみちゃんを気遣います。その勧め通り、牛乳を手に取ろうとしたななみちゃん。が、しかし、むせて手元が狂ったななみちゃんは、うっかりプリンを引っくり返してしまったのです！　床に落ちてべちゃんと潰れるななみちゃんのプリン。ななみちゃんの大きな瞳にどんどん涙がたまっていきます。

「あ、あああああ、あ、あだじのぷ、プリン～～～～～～！！！！！！」

ななみちゃんは、びえええええんと大声で泣き出してしまいました。小学生にとって、プリンを落とすことは一財産を失うにも等しいことなのです。やわらかプリン。ぽよんプリン。プリンの食感が、プリンの甘い口どけが、今となってはもう味わえないプリンへの憧憬がななみちゃんの脳裏に渦巻き、彼女は悔恨の情を深め、一層強く泣き崩れます。クラス中の誰もが彼女に憐憫《れんびん》の眼差しを寄せますが、しかし、覆プリン盆に返らず。落ちてしまったプリンはもうどうすることもできません。クラスが重く沈んだ空気に包まれます。ですが、その中でこの惨状に一人、ニタリと汚い笑顔を浮かべる女の子がいました。まあやちゃんです。

とはいえ、今回の彼女の思惑はその汚い笑顔とは裏腹に、大変な慈愛に満ちたものでした。そう、彼女は自分のプリンをななみちゃんに与えようと考えていたのです。確かに、プリンはまあやちゃんにとっても大切なものです。けれど、そんな大切なプリンを配下の友達に与えれば、配下のみんなは自分の気前の良さに感動し、夏休みの失敗を取り戻せるのではないか、彼女はそう考えたのです。打算まみれの行動ではありますが、とにかく彼女が気前良かったことは間違いありません。

まあやちゃんは心の中では血涙を流しながら、しかし優しくななみちゃんに話しかけます。

「ななみちゃん。もう泣くのはお止しなさい。ほら、プリンなら私のをあげるわ。これを食べて元気を取り戻しなさい」

まあやちゃんがそう言うが早いか、ななみちゃんはまあやちゃんの手からプリンを奪い取り、ぱくぱくと食べ始めました。数口食べて彼女に笑顔が戻ってきます。まあやちゃんは、ななみちゃんが遠慮する素振りも見せないばかりか、一言のお礼さえ言わなかったことにビックリしていましたが（これがプリンの魔力なのです）、けれど、これだけのことをしたのだから、配下の友達はみな自分の気前の良さに感動し、自分への信頼を取り戻してくれるだろう、彼女はそう思い、みなを見渡しました。

ですが、そこへ広がる光景は、彼女が期待していたものとは全くの別物だったのです。みんなの目に灯っていた光は彼女への信頼などではなく、屍肉を狙うハゲタカのそれだったのです。まあやちゃんは瞬時に事態を把握しました。自分は気前の良い人間と思われたのではない、単にプリンに対し執着のない人間と思われただけだと。このままでは、今後プリンが給食に出るたびに、配下の友達はみんな彼女のプリンを物欲しそうな目で見るに違いありません。そして、彼女が誰にもプリンを渡さないとなると、みんなは彼女のことをケチ呼ばわりし始めるでしょう。どうしてあの時はななみちゃんにプリンをあげたのに今度は私にくれないの？　みんなはきっとそう思うに違いありません。

困ったことになりました。まあやちゃんはプリンを失った上に信頼を回復することもできず、さらに、変な誤解まで与えてしまったのです。こうなった以上、少なくともプリンだけでも取り戻したいと思うのが人情というものでしょう。

そして、ここで、まあやちゃんは愚かにも強権を発動してしまいました。自分はプリンを落としたななみちゃんを憐れんでプリンを分け与えた、だから自分はみんなから少しずつプリンを貰っても良いのではないだろうか、そう言い出したのです。配下の友達は、みな表面上はこの提案に賛同しました。まあやちゃんの申し出が人道的に見て間違ったものではなかったからです。しかし、腹の中では彼女への怒りが煮え繰り返っていることは言うまでもありません。自分のものは何一つ他人に与えたくないというのも人情だからです。

この件を境に、まあやちゃんグループの統制は完全に失われてしまいました。配下の友達はみなまあやちゃんに憎しみを抱き、もはや誰も彼女の言うことなど聞きはしません。この失敗は彼女にとって致命的でした。それからわずか三日ほどで、まあやちゃんグループ6人全員が、残らずりょうこちゃんグループに吸収されてしまったのです。まあやちゃんはプリンを極悪非道の道具として用いることで己のグループを作り上げ、そして、またプリンによって己のグループを失ったのでした。

---

**たろうくん**「ふくろう先生、良く分からないんですけど、まあやちゃんはこんなに優しかったのにどうして破滅してしまったんですか？」

**はなこちゃん**「たろうくん、これが前章で言っていた『美徳が必ずしも良い結果をもたらさない』ということよ」

**ふくろう先生**「そうだね、マキャベリに言わせれば『気前が良い』という評判も、その実態はロクでもないものなんだ。『気前が良い』という評判を保とうとするくらいなら、『あいつはケチだ』と蔑まれた方が遥かにマシなんだよ。気前良く振舞い続けるためには、いろいろと犠牲にしなければならないことが多いからね」

**たろうくん**「犠牲というと、自分の財産ということですか？」

**ふくろう先生**「そう、まずはそれ、自分の財産だ。君主が『気前が良い』と言われるためには、自分の配下に何か褒美を与えることになるだろう？　でも、配下に褒美を与えると、もちろん自分の財産が少なくなる。そうして自分が貧乏になってしまうと配下から侮られるようになるんだ。『あいつよりオレの方が金持ってるぞ』ってね。配下から侮られるというのは君主が何としても避けなければならないことの一つなんだよ」

**たろうくん**「褒美を貰って嬉しい気持ちよりも、君主が貧しくなったから反乱をおこして、その座を奪い取ろうという気持ちの方が強いんですね」

ふくろう先生「人間は受けた恩義など、あっという間に忘れるものだからね。そして、貧乏になった君主の行動はここから二つに分かれるのだけど、まず、君主が自分の過ちに気付いて、それからは配下にやる褒美を惜しんだ場合。こうすると、配下はたちまち君主をケチ呼ばわりし始めるんだ」

はなこちゃん「配下はそれまでに受けた恩の大きさに慣れっこになってしまうんですね。それが当然だと思い始めると、普通に戻っただけで不平を垂れる。まったく救いがたい愚民どもね」

ふくろう先生「そして、君主の行動でより悪いのは、自分が貧乏になったので平民どもから税金をたっぷり巻き上げて持ち直そうとする場合だ。こうなると、ほんの一握りの配下に褒美を授けるために、多くの平民どもから恨みを買うことになってしまうね。『恨み』も『侮り』と並んで君主が避けなければならないものだから、これも大変にまずい。恨みを買ったり、侮られたりするくらいなら、ケチと呼ばれた方が遥かにマシなんだ。実際、ケチは多くの人から無用な搾取をしないことで、結果的に『全ての人に恩恵を施している』と言えるからね」

**たろうくん**「まあやちゃんはプリンをたった一人のななみちゃんにだけ与えて、それで他の友達から少しずつプリンを奪い、みんなから恨みを買ったわけですね」

**ふくろう先生**「そう、まあやちゃんはななみちゃんにプリンを与えたことで、みんなから『プリンに執着のない人間』だと誤解されてしまったんだ。みんなのハゲタカのような目を見て、自分は侮られている、これからは自分が搾取されてしまう、と感じたんだろうね。そこで、みんなからプリンを奪い、自分もプリンが食べたかったことをアピールしたけど、これは恨みを買う結果に終わってしまった。こんなことなら最初からプリンなんてあげない方が良かったんだ」

**はなこちゃん**「いくら歓心を買うためとはいえ、配下ごときに自分のプリンを分け与えるなんて愚行を行ったのだから、まあやちゃんの破滅は当然だと思います」

**たろうくん**「でも、これではななみちゃんが可哀想だなあ。ふくろう先生、これといって問題を起こさず、ななみちゃんにプリンをあげる方法はないんですか？」

**ふくろう先生**「マキャベリによれば、気前良く振舞ってもいい場合というのもあるんだ。それは戦争で略奪した敵の財産を分配する時だよ。この時は配下の者に思う存分振舞ってあげるといい。だって、いくら配ったって自分の懐はちっとも痛まないんだからね。タダで配下の歓心を買えるのだから、ここはケチケチせずに振舞うべきなんだ。同じように、まあやちゃんも、休んだ子のプリンを手に入れた場合だけ、ななみちゃんに与えれば良かったんだよ。休んだ子のプリンなら、あげたって自分は侮られないからね。これなら名声だけが高まったはずだよ」

はなこちゃん「分かりました、ふくろう先生。私は他人に分け与えてやるものなど何一つないと思っていたけど、自分の懐が痛まない時に限り気前良く振舞うようにしたいと思います」

# 5年3組の勢力図　第15章

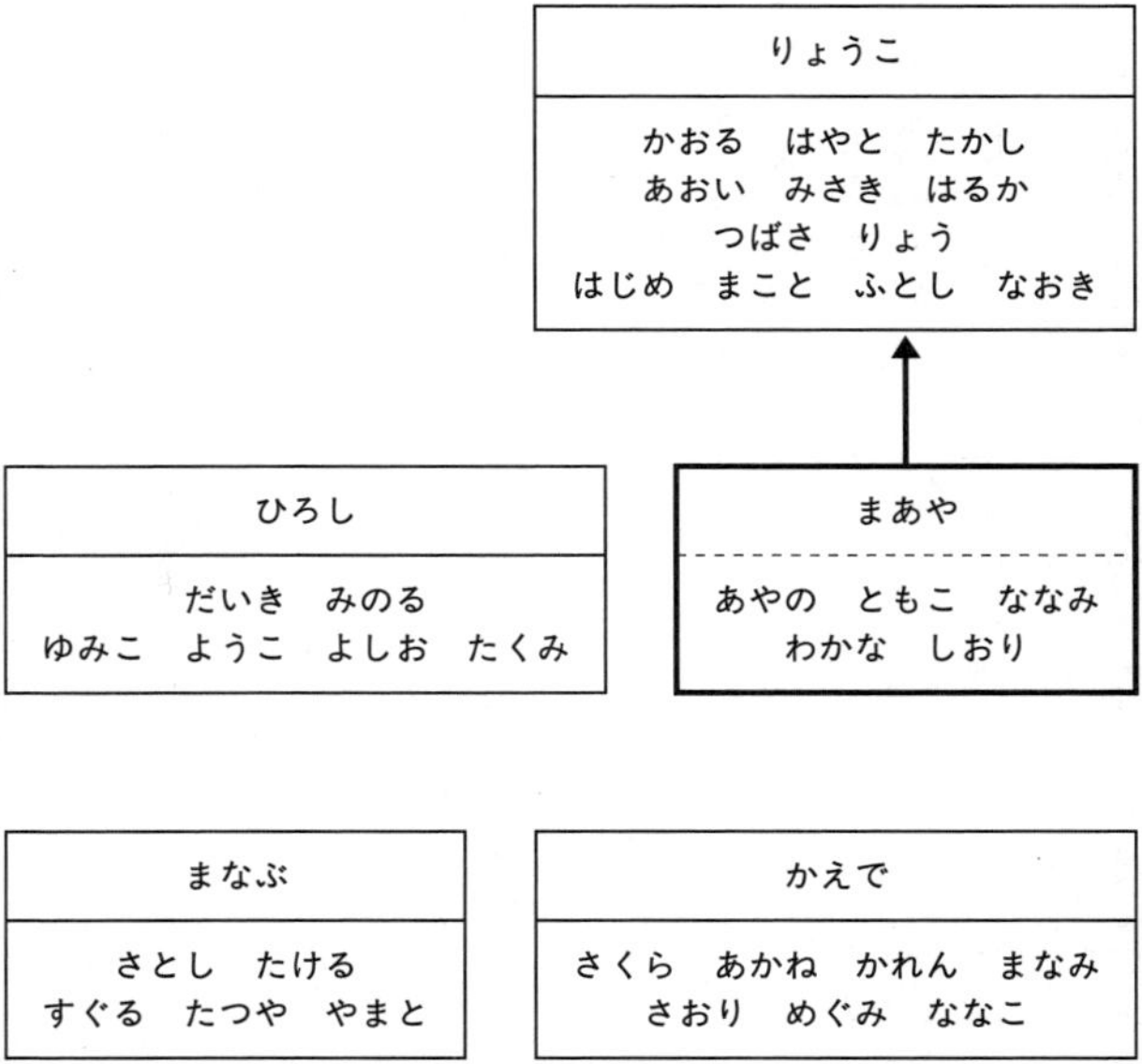
りょうこ
かおる　はやと　たかし
あおい　みさき　はるか
つばさ　りょう
はじめ　まこと　ふとし　なおき
ひろし
だいき　みのる
ゆみこ　ようこ　よしお　たくみ
まあや
あやの　ともこ　ななみ
わかな　しおり
まなぶ
さとし　たける
すぐる　たつや　やまと
かえで
さくら　あかね　かれん　まなみ
さおり　めぐみ　ななこ

# 第16章　怖れられることと慕われること
## ——非情のキャンプ、かえでちゃんの混迷

日立小学校、二学期最初のイベントはキャンプです。一日目はみんなで協力してテントを張り、飯盒炊爨を行い、カレーを作ります。そして、二日目はグループごとに分かれてのオリエンテーリングです。

オリエンテーリングとは、地図を頼りにいくつかのチェックポイントを回ってポイントを獲得し、決められた時間までにより多くのポイントを集めた人が勝ちという競技で、小君主たちにとっては己の作戦指揮能力と山野での集団行動能力が問われる重要なものです。みな、必勝の構えでこの競技に参加しています。現にひろしくんも、キャンプの数日前から現地の様子を地図やインターネットで確認して地形を頭に叩き込み、また先生がチェックポイントに指定しそうな場所を事前に予測し、あたりをつけていました。そして、何度もイメージトレーニングを行い、適切な指揮ができるよう努力していたのです。もちろん、このような努力はひろしくんだけでなく、りょうこちゃんやまなぶく

んなど、他の小君主たちも当然行っていることでした。夏休みで失敗したかえでちゃんもその汚名をそそぐべく、ひろしくんやりょうこちゃん以上の努力を経てキャンプに臨んでいたのです。

ところで、ひろしくんですが、彼は激しい気性の持ち主としてクラスでは知られていました。とにかくすぐに怒り、配下の友達の失敗を厳しく叱責します。ついさっきまでニコニコとしていたかと思うと、突然気分を変え、雷のように怒鳴り散らします。配下の友達は、いつひろしくんの癇癪《かんしゃく》が起こるのかといつも冷や冷やしていました。

キャンプでも、もちろんひろしくんの態度は変わりません。彼は自分の指示を聞かなかった友達や、ミスをした友達をみんなの前で怒鳴りつけます。

「おい、なんだこのカレーは！　ジャガイモが生煮えじゃないか！　時間を計ることもできないのか！」

「飯盒は炊きあがるまで赤子が泣いてもフタ取るなと言ってあったじゃないか！　もう忘れたのか！」

いつもこんな調子で怒鳴り散らしていましたから、配下の友達はみんなひろしくんのことを怖れていました。

その一方、配下の友達の信頼を回復したいかえでちゃんは、極めて温和に振舞っていました。友達が自分の言うことを聞かず勝手な行動を取ったり、また指示を違《たが》えて失敗しても怒ったりせず、自分が陰でフォローし丸く収めていました。かえでちゃんがほとんど怒ったりしないものですから、配下の友達は自由気ままにのびのびと過ごしていました。さらに、かえでちゃんはお菓子を配ってみんなの歓心を買いましたから、みんなは「やっぱりかえでちゃんといるのが一番だね」とまで言ってくれました。反応は良好です。かえでちゃんは、ここまで自分が尽くしたのだから、明日のオリエンテーリングはきっとみんな一致団結協力してくれるはずだと確信しました。さて、しかし本当にかえでちゃんは、みんなの信頼を取り戻すことができたのでしょうか。

果たせるかな。かえでちゃんの楽観的観測は翌日のオリエンテーリングにて無惨な形で裏切られます。かえでちゃんグループはみんな好き勝手に動き回り、ちっともかえでちゃんの言うことなど聞いてくれなかったのです。疲れたといって行軍途中で勝手に立ち止まる者や、かえでちゃんが正しい方向を示しているのに「あっちじゃないかな?」「私はこっちだと思うわ」などと気ままに自分の意見を振りかざす者が続出し、口論などのいさかいも絶えません。かえでちゃんグループは混迷を極め、効率的にチェックポイントを回ることなど、とてもできない状態でした。最後までこんな調子だったものですから、かえでちゃんのオリエンテーリングはそれは悲惨な成績に終わってしまったのです。なぜこんなことになったのか、かえでちゃんにはさっぱり訳が分かりませんでした。

その一方、優秀な成績を収めたのがひろしくんのグループです。彼のグループの統率はそれは見事なものでした。何せ少しでもミスをしたり、勝手な行動を取ったりすれば、途端にひろしくんからカミナリです。みんなひろしくんの癇癪を怖れ、彼の指示を良く守り、自分勝手な行動を慎み、完璧な集団行動を取っていたのです。ひろしくんは彼らの忠誠に応え、迅速で的確な作戦行動を指揮します。そして、りょうこちゃんすらも押さえ、全学年中堂々の1位を獲得して、みんなからその栄誉を称えられたのでした。

無惨な成績に終わったかえでちゃんグループの女の子たちは「やっぱり、かえでちゃんと一緒にいてもダメだわ」と、自分たちの放縦を棚に上げて彼女の下を去り、ひろしくんグループへと身を寄せました。もちろん、寂しくなったかえでちゃんもひろしくんグループへと帰順しましたから、ひろしくんはかえでちゃんグループを丸々手中に収めることとなったのです。ひろしくんのキャンプでの首尾は上々と言えるでしょう。これで5年3組は、ひろしくん、りょうこちゃん、まなぶくんの三大勢力を残し、他は全て淘汰されました。これから彼らの三つ巴の戦いはさらに激しさを増していくことでしょう。5年3組はさらなる戦乱の時代を迎えようとしています。

はなこちゃん「かえでちゃんは馬鹿ねえ。恩愛の情などというもので、配下の心を繫《つな》ぎとめられるわけがないのに」

ふくろう先生「そうだね、はなこちゃん。人を繫ぎとめるには、恩愛よりも恐怖をもってすべきだとマキャベリも言っているよ。特に物質的な報酬で築いた関係ほど脆《もろ》いものはないね。褒美をあげれば確かに部下は慕ってくる。でも、そんなのは口先だけの忠誠に過ぎないんだ。人間というものは本来邪悪な存在だから、より大きな利益を手に入れるためならば、そんな忠誠などすぐさま切り捨てて、あっさり君主を裏切るんだよ。けど、恐怖の方はその人につきまとうものだから、簡単に切り捨てることなんてできない。慕われるよりも、恐れられていた方が遥かに安全なんだね」

たろうくん「かえでちゃんはお菓子を配って慕われたつもりになっていたけど、実際オリエンテーリングでは、誰もかえでちゃんの言うことなんか聞かなかったしね」

**はなこちゃん**「その点、ひろしくんは普段から配下の友達を怒鳴りつけ、彼らに恐怖を植え付けていたため、オリエンテーリングのような集団行動を要する場面でも、彼らに規律を守らせることができたのね」

**ふくろう先生**「そうだね。マキャベリは、特に軍隊を率いる時は冷酷という悪評を全く気にしなくて良いと言っているよ。だって冷酷でなければ、一軍を束ね規律を守らせることなど出来るはずがないからね」

**たろうくん**「でも、ひろしくんはこんな性格で、友達の心が離れていったりしないのかなあ」

**ふくろう先生**「怖れられているだけなら大丈夫だよ。ただ、怖れられるのは良いけれど、恨みは買わないようにしないといけないんだ。マキャベリが言うには、怖れられることと慕われることは両立し難いけれど、怖れられることと恨みを買わないことなら十分両立できるんだ。というのは、平民の財産や彼らの婦女子さえ奪わなければ、君主が恨みを買うことはないからだよ。ひろしくんは日頃から癇癪を起こして怒鳴り散らして怖れられていたけれど、配下の友達からお菓子を奪ったり、おもちゃを取り上げたりはしてなかったから恨みは買っていなかったんだろうね。恐ろしいけど頼りになるリーダー。そんな感じだったんじゃないかな？」

たろうくん「分かったよ、ふくろう先生。僕もこれから配下の友達の心は恩情ではなく恐怖で縛り付けるようにするよ」

はなこちゃん「私もこれまで通り、愚民どもには恐怖をもって当たることにします」

ふくろう先生「その意気でがんばろうね、二人とも！」

# 5年3組の勢力図　第16章

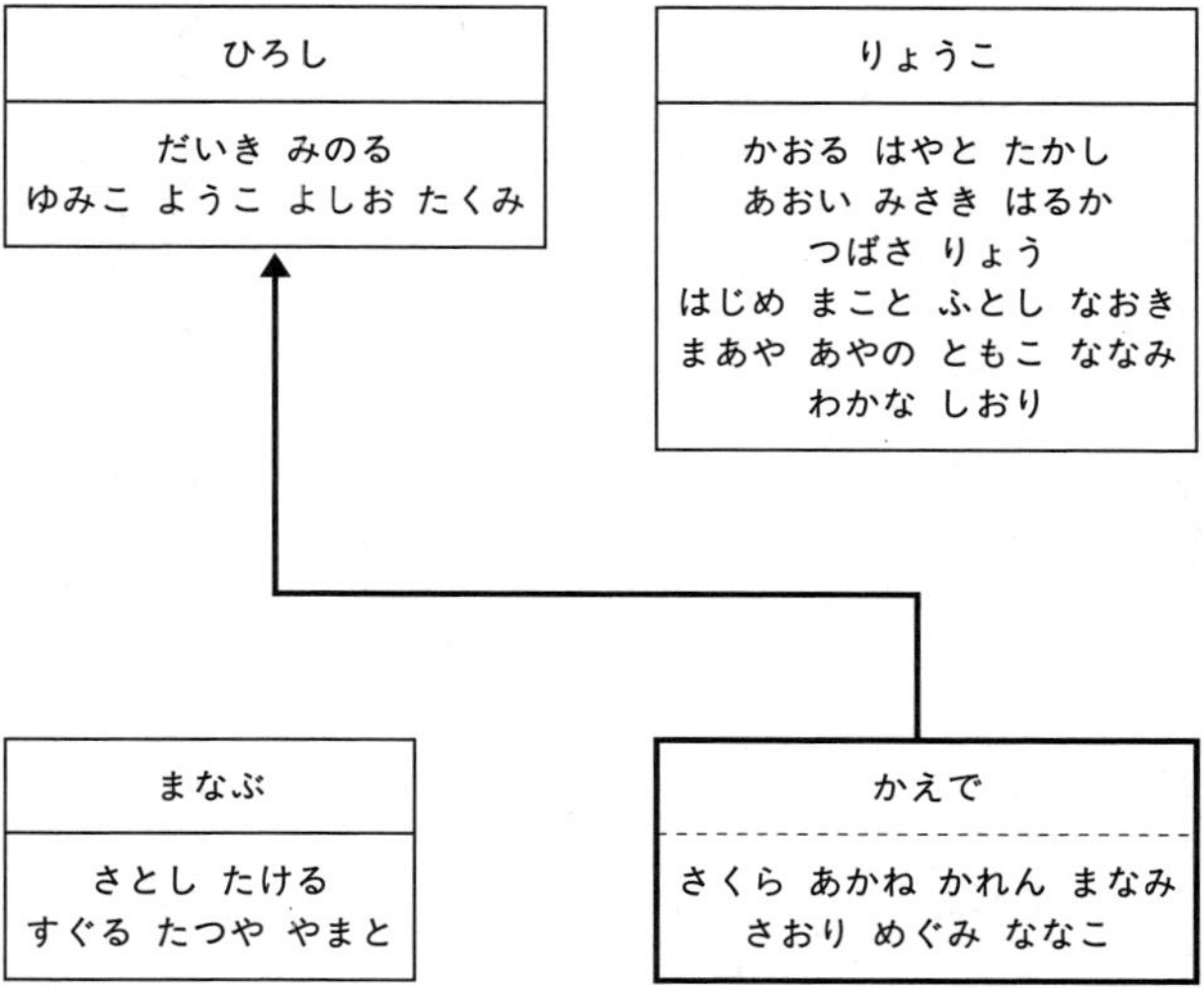
ひろし
だいき みのる
ゆみこ ようこ よしお たくみ
りょうこ
かおる はやと たかし
あおい みさき はるか
つばさ りょう
はじめ まこと ふとし なおき
まあや あやの ともこ ななみ
わかな しおり
まなぶ
さとし たける
すぐる たつや やまと
かえで
さくら あかね かれん まなみ
さおり めぐみ ななこ

# 第17章　信義を守る必要はあるのか?
## ――背信のマラソン大会、まなぶくんの不覚

二学期も半ばに差しかかり、当初群雄割拠の様相を見せた5年3組のパワーバランスも、ついにはひろしくん、りょうこちゃん、まなぶくんの三者に集約されるまでになりました。

現在のところ、圧倒的な勢力を誇っているのが女帝りょうこちゃんです。彼女は「ハイエナりょうこ」の二つ名の通り、結束の弱った仲良しグループを巧みに崩壊させ、そのメンバーを己がグループに吸収していきました。また、運動能力に優れた3人の男子を擁し、ドッジボール大会など運動競技で優秀な成績を収め、着実にその名声を高めてきました。さらに、姦計や謀略を重ね、強大な敵対勢力を弱体化させることにも余念がありません。二学期になってからは、りょうこちゃんが学級代表に立候補し、当選。彼女の権勢は飛ぶ鳥を落とす勢いでした。

りょうこちゃんに次ぐ勢力がひろしくんの仲良しグループです。ひろしくんグループ

は総合的な運動能力ではりょうこちゃんグループに及びませんが、ひろしくんの用兵には定評があり、オリエンテーリングなどの集団行動を得意とし、時にはりょうこちゃん以上の成績を収めました。また、彼は知略にも長け、「駄菓子屋の妙計」や「夏休み火の十日間」などの作戦はクラスメートの間でも高く評価されていました。ひろしくんは、高い実力に人望も兼ね備えた、りょうこちゃんと並び称される5年3組の有力小君主となっていたのです。

彼ら二人から大きく引き離されてしまったのがまなぶくんです。まなぶくんは一学期の間は学級委員という要職にあり、クラス全体の動きに強い影響力を持っていたのですが、その立場を失った今となっては、彼は苦しい立場に立たされています。まなぶくんは自身の運動能力が低すぎることが最大のネックでした。勉強はクラスでもトップレベルだったのですが、小学校という世界は、大学卒業後も高く評価される勉学の才能よりも、大人になってからはほとんど何の役にも立たない運動能力の方が、遥かに高く評価されてしまう世界なのです。

そして、今もまた彼は窮地に立たされていました。そう、マラソン大会が目前に迫っていたのです。マラソンはドッジボールなどと違い完全な個人競技です。まなぶくんの配下にはたけるくんという運動神経抜群の友達がいますが、今回はたけるくんにいかに力があっても仕方ありません。まなぶくん自身がある程度の成績を収めなければ、彼はクラスメートから侮られてしまうでしょう。

今回、特にまなぶくんが気にしていたのは、ひろしくんに大差をつけられてしまうことです。りょうこちゃんは女子なので比べようがありませんが、ひろしくんと比べられると、その実力差がはっきり示されてしまいます。ひろしくんに惨敗してしまえば、配下の友達の心は離れ、ひろしくんになびいてしまうかもしれません。勝てないまでも、それなりに善戦できる良い計略はないものか、もしくは、ひろしくんをマラソン大会に参加させない姦計が謀れないものか、まなぶくんがそんなことを考えながら悶々としていると、後ろから誰かが肩を叩いてくるではありませんか。振り向くと、そこには当のひろしくんがにこにことしながら立っていました。

「やあ、まなぶくん。いまふと思い出したんだ。ドッジボール大会の頃のことをね」

ついさっきまで「どうしてやろうか」と考えていた相手から突然にこやかに話し掛けられ、まなぶくんは一瞬戸惑い、あたふたとしてしまいました。ひろしくんは構わず続けます。

「僕がドッジボール大会でそれなりの成績を収められたのは、全てチームメートに恵まれたからだ。あの時は助かったよ、まなぶくん」

ひろしくんは本当にありがたそうに、そう述べたのでした。そうです。あの頃のまなぶくんとひろしくんは協力関係にあり、まなぶくんはひろしくんのためにずいぶんと便宜を図ってあげたのでした。しかし、なぜひろしくんは今更そんなことを言い始めたのでしょう？

「ところでまなぶくん。今度のマラソン大会だけど、僕と一緒に走らないかい？」

この言葉にまなぶくんは驚いて目を見開きました。ひろしくんが僕と一緒に走るだって!? 今のまなぶくんにとって、これほど甘美な響きはなかったでしょう。ひろしくんがまなぶくんの走力に合わせてペースを落として走ってくれるというのです。そうなれば先ほどまでの悩みは全て解決します。しかし、これはにわかには信じがたい話です。そんなことをしてもひろしくんには何一つ得することなどないはずです。訝《いぶか》しがるまなぶくんに、ひろしくんははにかみながら言葉を続けます。

「マラソン大会なんて面倒くさいしさ。別に勝ち負けなんてどうでもいいかな、って思ってるんだ。それよりゆっくり走って楽をしたいし。あと、ドッジボール大会の時のお礼もしたいんだよね」

そして最後に「何より僕もキミもりょうこちゃんのことが気になっているんだろう？」と付け加えました。

まなぶくんは、なるほどそういうことか、と安堵します。つまり、ひろしくんの思惑としては、この機会に自分から受けた恩を全て返してしまい、その上でりょうこちゃんという強大な勢力に対抗するために、これからは五分の条件で友好関係を保っていきたい、ということなのでしょう。そうであれば、まなぶくんにとってこれほど美味しい話もありません。

「分かったよ、ひろしくん！　約束だ。マラソン大会は一緒に走ろう！」

「オーケー！　僕たちは友達だ！　僕が約束を守らなかったことなんて一度もないだろう！　僕たちの厚い友情にかけて、ぼくはきみを絶対に裏切ったりなんかしない！　マラソン大会は一緒に走ろうじゃないか！」

そう言って、ひろしくんは手を差し出し、二人は固い握手を交わしました。その熱烈な握手とひろしくんの快弁に、まなぶくんはすっかり安心しました。これでもうマラソン大会は怖くありません。結果は痛み分けで決まったからです。ああ、憐れなまなぶくん。ひろしくんが約束を守ったことなど、これまで一度とてありはしないのに……。

——一週間後、目立小学校にて件のマラソン大会が開催されました。ひろしくんとまなぶくんはスタートラインからずいぶんと後ろの方に並んでいます。スタート直前までぺちゃくちゃとお喋りをしており緊張感の欠片もありません。誰の目から見ても、彼らは楽をするためゆっくり走ろうとしているように見えたことでしょう。

スタートの号砲が鳴り響き、子供たちは一斉に駆け出します。体力自慢のかおるくんやつばさくん、りょうくんにたけるくんは、最初からかなりのハイペースで飛ばしています。だいきくんやみのるくん、よしおくんにさとしくんなどはそれなりのペースで自分なりに頑張っています。そして、ふとしくんやはじめくんは、スタート直後からひぃひぃ言いながら歩くようなスピードでのろのろと駆けています。そんないちばん遅い一団の中に、我らがひろしくんとまなぶくんの姿を認めることができました。彼らはゆっくり、たらたらと走っています。

「いやあ、こんなスローペースだと全く疲れもしないね、まなぶくん」

「そ、そう、だね……ひろし、くん……」

ひろしくんは余裕をかまして、まなぶくんに話しかけたりしていますが、実はまなぶくんにとってはこのペースでも結構厳しい様子です。しかし、ここまでペースを落としてもらって、さらにまだペースを落とせとはさすがに言えません。まなぶくんにも意地があります。いくら約束したといっても少しは練習しておけば良かった、まなぶくんは今更ながらに後悔しつつも、必死にひろしくんに付いていきました。

しかし、転機は不意に訪れます。全8キロのマラソン大会で折り返しの4キロに達したとき、ひろしくんはまなぶくんに一言も声をかけることなく、突然ペースをあげたのです。いきなりのペースアップに驚くまなぶくん。そんなひろしくんを後ろから見ると……スッと立てられた真っ直ぐな上体、腹筋を使った呼吸法、大きく振られる腕。上下動の少ない理想的なマラソンフォームではありませんか。これは明らかに日々のたゆまぬ練習により培われた走法です。ひろしくんがマラソン大会に備え、陰で相当の努力をしていたことは疑いようもありません。この時、まなぶくんはひろしくんに騙されていたことをようやく悟ったのでした。まなぶくんは裏切りに激怒し、必死で彼を追いかけますが、その鈍りきった体でまさか追いつけるはずもありません。逆にまなぶくんはひろしくんを無理に追いかけたことで体力を大きく消耗し、ふとしくんやはじめくんよりも遅い、学年男子82人中80位という大変な惨敗を喫してしまったのです。ひろしくんは後半の追い上げの結果、82人中19位という好成績を収めました。まなぶくんに大差をつけて勝利し、ひろしくんの姦計は大成功です。

ひろしくんとまなぶくんの間の密約を知らない子供たちは、みな彼らの結果だけを見て、ひろしくんを褒め称えます。

「やっぱりひろしくんの方が優れているなあ」

「それにしてもまなぶくんは酷すぎる。去年よりもさらに順位が落ちているよ」

こうして、子供たちはひろしくんとまなぶくんの明らかな力量差を知り、まなぶくんの配下の友達はひろしくんの下へ身を寄せようとしました。ここまではひろしくんの計画通りです。ですが、ここでまなぶくんが最後の悪あがきに出たのです。彼は自分の下を去ろうとするみんなを呼びとめると、

「いやあ、今回は僕の練習不足ゆえ、まったく酷い成績となってしまったよ。そ、れ、に、し、て、も！　かおるくんの学年1位は実に素晴らしい成績だと思わないか？　さ

らに、つばさくんの学年5位、りょうくんの学年6位も実に立派だ。やっぱり、6位入賞というのは桁の違うすごさだと僕は思うね。これは大変立派な成績だ、いやあ立派だ。素晴らしい。スプレンディッド！」

と、このように、かおるくんやつばさくん、りょうくんの業績を褒めちぎったのです。まなぶくんの迫力に押され、みんなはひろしくんの業績など忘れて、かおるくんたちへの憧憬を深めていきました。その結果、まなぶくんは、さとしくん、すぐるくん、たつやくんを引き連れ、りょうこちゃんグループへと転がりこむことに成功したのです。ひろしくんはあれだけの姦計を成功させたにもかかわらず、ただ、やまとくんを得ただけに終わったのです。やぶれかぶれになったまなぶくんの最後の反撃により、りょうこちゃんはさらなる力をつけ、ひろしくんは窮地に立たされることになってしまいました。

ところで、まなぶくんチームのたけるくんですが、彼も学年8位という立派な成績を収めていました。彼には彼なりの自負があったため、先ほどあれだけ6位入賞を褒め称え、自分を持ち上げなかったまなぶくんと行動を共にする気にはなれません。かといって、自分より成績の劣るひろしくんの下へ行くのもはばかられます。結局、彼はしばらく一人でクラスの動向を見守ることにしたのでした。ともあれ、これにてまなぶくんグループは無事壊滅し、5年3組の覇道を目指す者は、いよいよ、ひろしくんとりょうこちゃんのただ二人に絞られたのです。

**たろうくん**「まなぶくんはばかだなあ。こんな謀略、僕でも分かるよ。かおるくんを援軍に送ろうとしたりょうこちゃんの謀略を、ひろしくんはちゃんと見破ったのにね」

**ふくろう先生**「仕方ないよ、たろうくん。人間というのは基本的に単純な生き物だからね。目先の必然性にすぐ動かされてしまうから、騙そうと思えば騙せる人は簡単に見つけられてしまうんだ。この場合であれば、まなぶくんは『マラソン大会を切り抜ける』という必然性にとらわれて、その先の判断が出来なかったんだね。ひろしくんのように、先々まで事態を見通して判断できる人間はほんの一握りだけだよ」

**はなこちゃん**「それにしたってまなぶくんは愚劣よ。ひろしくんとの信義を信用するなんて正気の沙汰とは思えないわ」

**たろうくん**「そういえば、ひろしくんはあれだけ熱心にまなぶくんと約束を交わしておきながら、それをあっさりと破ったけれど、信義を守らないことについてマキャベリはどう言ってるんですか？」

ふくろう先生「良い質問だね、たろうくん。マキャベリは、もし人間がみな良い人間ばかりであれば、信義はもちろん守るべきだと言っているよ。でも、現実を見ると、人間は邪悪で薄汚い存在であるから、相手はきみたちに対して決して信義を守ってはくれない。だから、きみたちも相手に対して信義を守る必要なんてこれっぽっちもないと結論付けているんだ」

たろうくん「そっかあ、信義なんて守る必要ないんだ」

はなこちゃん「私は分かっていたけど、改めてふくろう先生の口から聞くと自信が持てるわ」

ふくろう先生「でも、できるだけ正当な理由をつけて、自分が信義を裏切ったことを言い繕《つくろ》う努力はするべきだね。いいかい、二人とも。愚かな大衆どもは常に物事の外見や結果しか見ようとしないんだ。ひろしくんだって、まなぶくんに仕掛けた姦計を誰にも知られてはいないだろう？　他の子供たちはそんな姦計など知る由もないから、ただ、順位という結果のみを見て判断するんだ。つまり、結果さえ残せば、その間の過程や手段は全て正当化されるんだよ」

**はなこちゃん**「とても良い話だわ。何だか胸が熱くなってきました」

**ふくろう先生**「もっと言うならば、君主が常に美徳を重んじ、美徳に従って行動するのは明らかに有害なんだよ。だって、君主には悪に手を染めなければならない時が必ず訪れるからね。そんなとき美徳にしがみついていれば、その君主はきっと政権を失ってしまうだろう。ただ『美徳を身に付けている』と平民どもに見せかけることは大変良い事なんだ。先に述べた通り、平民どもは君主の外見でしかその人となりを判断できないからね。普段はこの上ない善人として振舞い、それで、必要な時は何の遠慮もなく悪徳を行えるのが、本当に立派な君主というものだよ」

**はなこちゃん**「そう考えると、ひろしくんもりょうこちゃんもとても立派な君主なのね。彼らは美徳をまとっているように見せかけながら、その実、人を騙し罠に嵌《は》めること以外は、なに一つせず、なに一つ考えようともしていないわ。そのうえ、力強く断言し、熱烈に約束し、友情に訴え、心を開いたように見せながら、なに一つ約束なんて守らないもの。実に立派だわ」

たろうくん「ようし、僕も外見だけは立派な人間であるかのように振舞うぞ！」

ふくろう先生「その意気だよ。がんばってね、たろうくん」

5年3組の勢力図　第17章

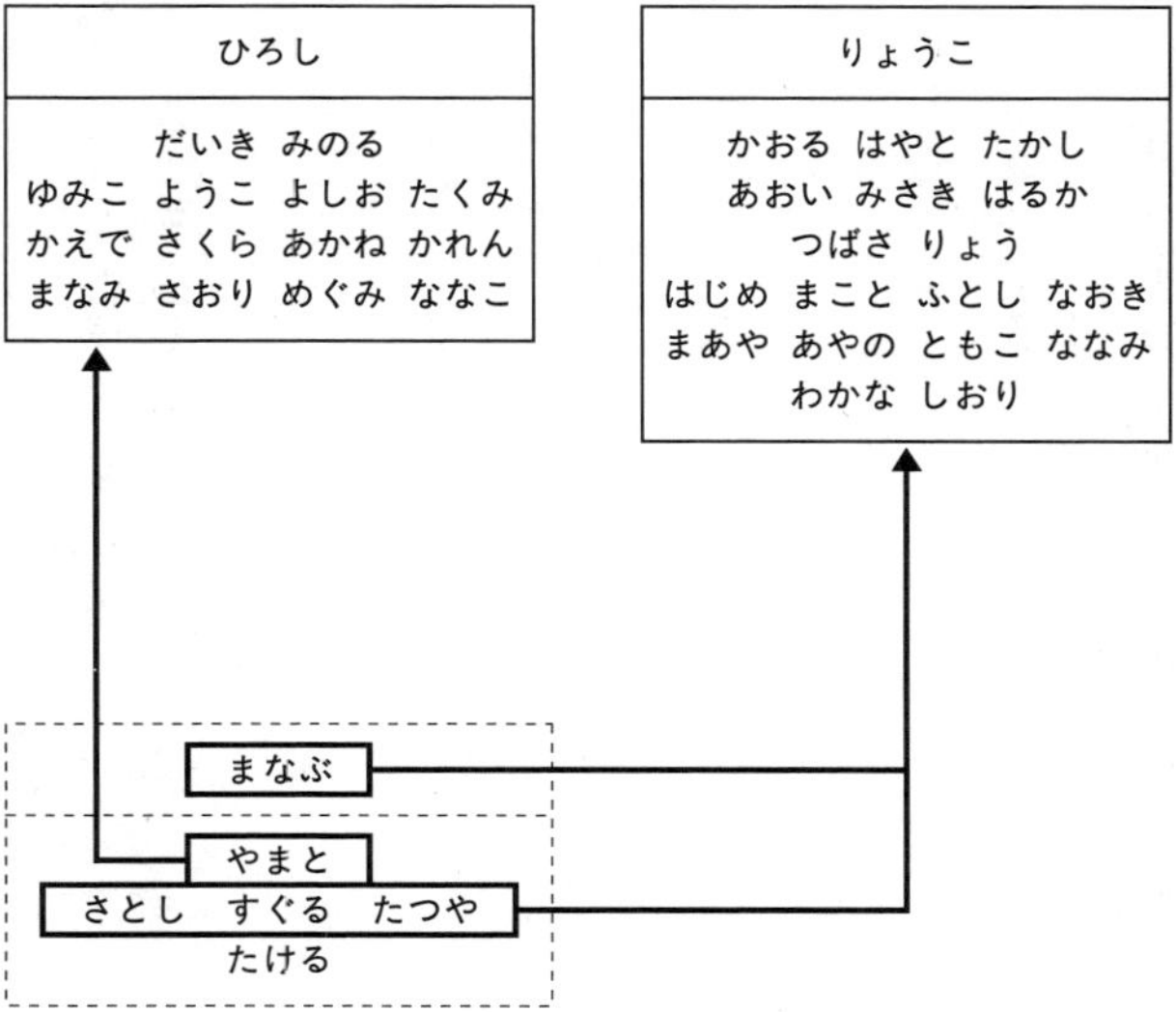
ひろし
だいき　みのる
ゆみこ　ようこ　よしお　たくみ
かえで　さくら　あかね　かれん
まなみ　さおり　めぐみ　ななこ
りょうこ
かおる　はやと　たかし
あおい　みさき　はるか
つばさ　りょう
はじめ　まこと　ふとし　なおき
まあや　あやの　ともこ　ななみ
わかな　しおり
まなぶ
やまと
さとし　すぐる　たつや
たける

# 第18章　軽蔑と憎悪を逃れるにはどうすれば良いか
## ――ひろしくんの黙過とりょうこちゃんの腐敗

マラソン大会を経てまなぶくんが脱落し、ついに5年3組はひろしくんとりょうこちゃんの二大勢力がぶつかり合う戦場となりました。しかし、状況は明らかにひろしくんが不利です。現在のところ、ひろしくんの仲良しグループは16名。対するりょうこちゃんグループは23名。さらにりょうこちゃんは運動の得意なかおるくん、りょうくん、つばさくんを擁しており、そしてもうすぐ目立小学校は秋の運動会を迎えるのです。運動会での彼らの活躍は約束されており、このままではひろしくんグループから、また何人かのメンバーがりょうこちゃんに引き抜かれてしまうでしょう。

ところで、これだけ仲良しグループのメンバーが増えてくると、そのメンバーの管理も大変です。これほどの大所帯ともなれば、別に仲良くない人や自分とはどうしても考え方が合わない人も仲良しグループに含まれてしまいます。ですが、そんな人たちから軽蔑されたり憎悪されたりしないよう、小君主たちは巧く折り合いをつけてやっていかなければならないのです。3組全体を統一する専制君主を目指すためですから、これは仕方のないことなのです。

では、ひろしくんやりょうこちゃんはそのような場合に、どのようにして対処しているのでしょうか。今回はそういった事情を見ていくことにしましょう。

運動会を半月後に控えたある日のこと。ひろしくんは配下の友達であるたくみくんが、同じく配下の友達であるさおりちゃんのスカートをめくっているところを目撃しました。さおりちゃんは大人しくて控えめな女の子ですから、たくみくんに向かっていくこともできず、その場にうずくまって、うえぇんと泣き出してしまいました。ひろしくんはその光景を目にし、直ちに物陰に隠れます。たくみくんは、へっへーんなどと言いながら走って行ってしまいました。ひろしくんはさおりちゃんに見つからないよう、泣いている彼女を置き去りにし、そそくさとその場から立ち去ります。

しばらく経って後、ひろしくんは何気ない様子を装いながらさおりちゃんに話しかけました。

「どうしたんだい、さおりちゃん。大休憩の後から、何だか悲しそうな顔をしているよ。何かあったのなら僕が相談に乗るから言ってごらんよ。君の悲しそうな様子が、僕は気になって仕方ないんだ」

全く厚顔極まりありません。ですが、さおりちゃんはもじもじとしているだけで何も話してはくれません。気の弱い彼女には、スカートめくりをひろしくんに訴えることさえためらわれたのです。そこでひろしくんは、もともと彼女と同じグループで、仲の良いあかねちゃんに、さおりちゃんの相談に乗るよう伝えました。しばらくすると、あかねちゃんが「さおりちゃんはたくみくんにスカートをめくられたのよ」と報告に来ます。あかねちゃんはたくみくんに対しぷりぷりと怒っています。彼女はひろしくんがたくみくんを叱り飛ばしてくれることを期待しているようです。しかし、ひろしくんは先手を打ってこう答えました。

「よし、終わりの会で言おう。あかねちゃんはさおりちゃんを助けて、彼女が終わりの会で発言できるよう手伝ってあげてよ」

このひろしくんの対応にあかねちゃんはちょっとガッカリです。しかし、話がそうなった以上仕方ありません。あかねちゃんはさおりちゃんを励まし、たくみくんを糾弾すべく彼女に知恵と勇気を授けました。

ところで、ここで「終わりの会」について説明しておかねばなりません。終わりの会とは、小学校のクラスにおける最高裁判機関のことで、裁判官は日替わり制であり、日直と呼ばれる担当の子供がその職に就きます。この会の目的はクラスメートに対し賞罰を与えることで、まず日直の「良かったことはありませんか?」の言葉で、その日の誰かの行いを別の誰かが称賛します。それは大方にして「～～くんが掃除をがんばっていました」「～～ちゃんが消しゴムを貸してくれました」といった大変くだらないものですが、これに対してクラス全体が拍手喝采をもって彼らの栄誉を称えるのです。

と、ここまでは非常に子供らしく可愛らしい世界なのですが、問題はその後です。日直の「では次に、悪かったことはありませんか」の問いから、子供たちのどろどろとした、怨嗟渦巻く恐怖裁判が開始されるのです。このときに行われる申し立てのほとんどは「～～くんが今日私のことを睨んできました。謝ってください」など、とんでもない言い掛かりのようなものです。しかし、この恐怖裁判では、こういった申し立てさえも馬鹿真面目に審議の対象となります。また、終わりの会における裁判は論理ではなく、押しの強さや、強情さ、声の大きさなどが重視され、とにかく屁理屈でも何でも良いので、他の児童の反論を封殺したものが勝ちとなります。場合によっては、明らかに冤罪《えんざい》であっても謝らされることになりますし、逆に正当な訴えであっても退けられ、酷い場合には申立て人が何故か謝ることにもなりかねません。終わりの会では真実など何の力もないのです。こういった理不尽な追及とクラス全体からの吊るし上げを受け、気の弱い子は泣き出してしまうこともしばしばです。力量のある子供であれば、たとえ自分が悪いことをしていても己の罪悪を握りつぶすことだって可能ですし、逆にくだらないことでも大問題であるかのように騒ぎ立てて糾弾することができます。第9章でのりょうこちゃんのように、終わりの会での弾劾を脅迫材料に用いながら、ひろしくんを罠に嵌めるといった使い方も可能になるのです。

子供たちは、この終わりの会を大変恐れています。直前に「良かったことはありませんか?」で、その善行を称えられた子供であっても、直後の「悪かったことはありませんか?」で冤罪を受け、泣くまで締め上げられ謝罪を強要されることもあります。また、訴えた人が逆に吊るし上げを受けることもあるため、その使用には一抹の躊躇が伴います。終わりの会は全ての子供たちの牽制力であり制裁手段でもありますが、使い方を誤れば己が身の上にも火の粉が降りかかる諸刃の剣でもあるのです。そのため、さおりちゃんのような気の弱い女の子が申し立てをするときは、気の強いあかねちゃんのような協力者が必要となるのです。

長くなりましたが、話をさおりちゃんに戻しましょう。終わりの会にて、彼女はあかねちゃんに励まされ、おどおどとしながらも立ち上がりました。

「きょお、たくみくんが~、私の~、スカートをめくって、困りましたぁー」

さおりちゃんは、みんなの前でこれを言うだけで既に半べそです。終わりの会の重圧とはそれほどのものなのです。それを受けて日直が、「たくみくんは起立してください」と彼を立たせます。さあ、吊るし上げの始まりです。ちなみに言うまでもありませんが、当の本人たち以外にとって、吊るし上げほど愉快な時間はありません。

まずは事実確認です。たくみくんは本当にさおりちゃんのスカートをめくったんですか？　と日直が質します。もちろんたくみくんは、そんなことしてないよ、と突っぱねます。すぐにあかねちゃんが手を挙げ、でもさおりちゃんはウソをつくような子ではありません、と反論します。議論は紛糾の度合いを深めます。ひろしくんの他に、誰も目撃者がいないので当然です。

もちろん、ひろしくんはその一部始終を見ていたのですから、彼がそれを訴え出ればたくみくんの有罪は確定です。しかし、ひろしくんがそんなことをするはずがありません。終わりの会においては、悪い行いを黙過した者も同様の罰を受けることになるからです。

さて、このように事実の解明が難しいとき、終わりの会ではどのような手段をもって問題を明らかにしていくのでしょうか？　こういう場合、多くは外堀を埋めていくことで真相に近づこうとします。つまり、ほとんどの小学生は最初から最後まで一貫してウソを突き通すほど気が強くはないため、みなで詰問を重ね、少しずつ事件に迫っていけば、焦りと不安と悔悟から、いつかは真相を吐露し、泣き出すことになるのです。そして、ここでついにひろしくんが動きました。

「さおりちゃんがスカートめくりをされたのは何時《いつ》のことですか？」

大休憩のときです、とさおりちゃんが答えます。分かりました、といって、ひろしくんは席につきます。彼の仕事はたったこれだけなのです。後は他のクラスメートたちがその後を継いでくれるでしょう。

他の誰かが挙手し、質問を投げかけます。

「じゃあ、たくみくんはそのとき何をしてたんですか?」

「友達と教室で遊んでました」

また、別の誰かが質問します。

「教室から一度も外に出なかったんですか?」

「一度トイレに行きました」

他の子が続いて質問。

「そのとき、さおりちゃんと会ったんじゃないですか?」

「さおりちゃんとは会ったけど、僕はスカートめくりしていません」

さらに質問。

「さおりちゃんに触れてもいないんですか?」

「いや、さおりちゃんに触れてもいないということはないけれど……」

ここまで来ればもうたくみくんは陥落したも同然です。彼は他にも授業態度や掃除態度など、日頃のありとあらゆる素行の悪さを、あることないことひっくるめて糾弾され、ついには泣き出してしまいました。みんなも、たくみくんを泣かしたことでカタルシスを得て、スッキリした気持ちになりました。さおりちゃんもニコニコしています。彼女も別にたくみくんに謝って欲しかったわけではなく、自分が受けたのと同じだけの、いやな気持ちを彼に味わってもらいたかったのです。こうして、最後にはたくみくんが泣きながらさおりちゃんに謝り、事件は無事解決となりました。ひろしくんは自分の手を汚すことなく、グループ内の問題を解決したのです。

一方、りょうこちゃんのグループでも問題が発生していました。かおるくん、つばさくん、りょうくんなど、元気でわんぱくな男の子たちが掃除をさぼって遊んでいたのです。竹ぼうきで野球をしたり、雑巾でスケートをしたりして、ちっとも掃除をしません。しかし、りょうこちゃんはそんな彼らを戒めることもなく、むしろ一緒になって掃除をさぼって遊んでいました。なぜなら、これから迎える運動会で彼ら3人にはまだ活躍してもらわねばならず、ここで彼らの不評を買うわけにはいかなかったからです。

その代わり、彼女は掃除をさぼることに関しても自ら先頭切って行い、そのリーダーシップを堅持しました。先生に気付かれないよう、目立つ部分だけは綺麗にしておくなどの狡知も働かせ、彼女たちは巧みに掃除をさぼりつづけたのでした。

**たろうくん**「うわぁ、終わりの会が出てきた。こわいよ、ふくろう先生」

**はなこちゃん**「終わりの会を恐れるのは、たろうくんの力量が足りないからよ。私のような実力者にとっては、終わりの会は政敵を合法的に吊るし上げにできる、とても楽しい時間なのよ」

**たろうくん**「終わりの会が怖くないなんて、はなこちゃんは立派だなあ。それにしても、ふくろう先生。どうしてひろしくんは、たくみくんを直接叱責するのではなく、終わりの会で告発したんですか？」

**ふくろう先生**「たろうくん、良く考えてごらんよ。確かに、そこでたくみくんを叱り飛ばすのは、人道的に見て正しい行為だよ。でも、きっとたくみくんは『ひろしくんはさおりちゃんの味方をした』と不満を覚えるだろうね」

はなこちゃん「そうね、自分にどれだけ非があろうと、そんな展開になったらひろしくんを恨むと思うわ。私だってそう思うもの」

ふくろう先生「そう。だから、ひろしくんは終わりの会という『第三者の裁判機関』にたくみくんの処断を委ねたんだ。こうすれば、たくみくんを裁くのは自分の仕事ではなくなるからね。たくみくんの悪行は終わりの会で罰せられ、また、たくみくんからの逆恨みも避けられるんだ。君主論の中の話をすると、国王は貴族の横暴から民衆を守りたいと考えるなら、自分とは関係のない『第三者の裁判機関』を作り、それに貴族を裁いてもらうしかないんだ。このようにして、憎まれ役は他に押しつけ、自分は人から感謝だけを受けるようにするのが大切なんだよ」

はなこちゃん「平民どもをそこまでして守ってやるなんて面倒くさいわ。貴族が横暴を振るっても自分に関係ないなら放っておけば良いと思うんですけど。ひろしくんの場合だって、わざわざさおりちゃんを助ける必要があったのかしら？」

ふくろう先生「前も言ったけれど、民衆の力というのは侮れないものがあるんだよ。特に君主が民衆から人望を得ることは、君主自身の地位と安全を保つためにも必要なことなんだ。たとえば、仮に配下の誰かが君主を裏切ろうと考えたとするね。でも、クーデターに成功したとしても、前の君主が民衆から人望を集めていたならば、民衆は新しい君主にきっと反発するし、それからの治世は難しいものとなるだろう。そのことを思うと、配下は謀反に躊躇してしまう。民衆から人望を集めることは、反乱に対する抑止力にもなるんだよ。それに、反乱を起こそうとしても、大概の場合、それは単独では無理だよね。となれば仲間を得る必要があるのだけど、しかし、仲間を得ることも容易じゃない。なぜなら、自分が計画を打ち明けた人がそれに賛同しなかった場合、その人は君主にそれを密告することで何のリスクも犯さず褒美を手にすることができるんだ。人望ある君主を、わざわざリスクを犯してまで裏切ろうとはしないだろ？　この二つの点から考えて、人望を集めておくことは自分のためにとても大切なことなんだよ」

**はなこちゃん**「分かりました、ふくろう先生。平民どものためではなく、あくまで自分のためだと割り切って考えれば、愚民どもを保護するという虫唾《むしず》の走る仕事も我慢できそうです」

**たろうくん**「じゃあ、りょうこちゃんが掃除をさぼっていた配下の友達を注意しなかったのも、同じ理由によるものなんですか？」

**ふくろう先生**「その通りだよ、たろうくん。りょうこちゃんはこれから運動会というビッグイベントを迎える身だ。大活躍が期待できるかおるくん、りょうくん、つばさくんたちから反感を買うことは避けたい。だから、むしろりょうこちゃんは自分から掃除をサボって彼らと一緒に遊んだんだ。自分の立場を守るために必ず味方につけておかなければならない大切な勢力、そこが腐敗していたときは、その腐敗を正そうとするのではなく、むしろ自分からその腐敗に染まらなければならないことだってあるんだ。善行ばかりを行っていれば誰からも恨まれないなど、そんな話は夢物語だよ。恨みというものは悪行のみならず善行からも生まれるものなんだ。善行を行えば悪人から恨まれる。これが真実だよ」

**はなこちゃん**「りょうこちゃんは善悪などという下らない価値観に囚われることなく、自分のグループの維持と拡大のみを考えて行動しているのね。立派だわ」

**ふくろう先生**「軽蔑を逃れるには、軽薄で優柔不断で無気力な態度を見せなければ大丈夫。憎悪を逃れるには配下や民衆の財産、婦女子を奪わないこと。そして、憎まれ役を他に押しつけて、権力者を抑制し民衆を保護する。もしくは、大きな勢力の腐敗を正すことができないなら、その腐敗に自分から身を染める。こうすれば、誰からも軽蔑も憎悪も招かずに統治を行えるんだよ」

**たろうくん**「なるほど！　これで僕も今度から胸を張って長いものに巻かれることができそうです」

**ふくろう先生**「うん、たとえ正義に反することをしてでも、とにかく軽蔑と憎悪だけは逃れるよう気をつけるんだよ！」

## 5年3組の勢力図　第18章

| ひろし |
| --- |
| だいき　みのる<br>ゆみこ　ようこ<br>よしお　たくみ<br>かえで　さくら　あかね　かれん<br>まなみ　さおり　めぐみ　ななこ<br>やまと |

| りょうこ |
| --- |
| かおる<br>はやと　たかし<br>あおい　みさき　はるか<br>つばさ　りょう<br>はじめ　まこと<br>ふとし　なおき<br>まあや<br>あやの　ともこ　ななみ<br>わかな　しおり<br>まなぶ　さとし<br>すぐる　たつや |

| たける |
| --- |
| |

# 第19章　市民を歩兵にすることについて

## ——権謀術数の大運動会、ひろしくんの馬

　前述のように、彼らは配下の友達を巧みに御しながら、その勢力を保ち続けました。そして、互いのグループにメンバーの流動はないまま運動会を迎えます。下馬評ではりょうこちゃんグループが圧倒的に有利です。彼女にはかおるくん、りょうくん、つばさくんといった運動神経抜群の男の子たちが配下にいるからです。彼らが活躍するごとにりょうこちゃんグループの名声は高まり、そして、ひろしくんグループのメンバーは彼らに憧れ、さらに何人かは、りょうこちゃんグループへ帰順してしまうでしょう。このままでは、りょうこちゃんとの勢力差が開くばかりです。ここは一計を案じ、何としてもメンバーの流出を阻みたいところです。

　そこでひろしくんが考えたのは、騎馬戦で、自分の馬によしおくん、たくみくん、やまとくんを抜擢することでした。騎馬戦は、もちろんそのグループの小君主が上に乗り、配下の友達が馬となるのが慣例です。そして、馬は配下の中でも最も信用のおける友達

を抜擢するのが常識でした。何故なら、もし馬の誰かが小君主に対して反乱を企てた場合、簡単に彼を地面に落とすことができるからです。ですが、ひろしくんはだいきくんやみのるくんといった、最初から自分に付いて来てくれた忠臣ではなく、途中から加わったよしおくん、たくみくん、やまとくんを馬にしたのです。

彼らが、ひろしくんに対し、だいきくんやみのるくんほどの忠誠心を持っていないことを、りょうこちゃんは知っていました。ですから、ひょっとするとこれを機に、彼らのクーデターが起こるのではないか、と少し期待していたほどです。

しかし、実際はその逆でした。彼らは新参者の自分たちが馬に選ばれたことに感激し、ひろしくんのために一生懸命、力を尽くして働いたのです。新参者の自分たちをひろしくんは信頼してくれている、自分たちを頼りにしてくれている、と彼らが感じたためです。ひろしくんはたったこれだけのことで、自分のグループから脱落者が出ることを阻止したのでした。ですが、ひろしくんはこの圧倒的に不利な運動会にあって、ただ守るだけではなく、攻めの一手も考えていたのです。でも、それはまた次のお話。

---

**はなこちゃん**「ひろしくんも人がいいのね。私なら新参者どころか、だいきくんやみ

のるくんだって信頼できないわ」
ふくろう先生「でも、はなこちゃん。それだと傭兵に頼るしか道がないよ」
はなこちゃん「それも困った話ね。傭兵はクズだから使えないし。ここは彼らを信用するしかないのね」
ふくろう先生「そうだよ。マキャベリいわく、新しく君主となった者は民衆を必ず歩兵に仕立てあげるんだ」
はなこちゃん「えっ、民衆に戦闘力を持たせて危険ではないの？　愚かにも君主に刃向かったりしないかしら？」
ふくろう先生「それは大丈夫だよ、はなこちゃん。よしおくんたちのように、民衆も戦闘力を持たせてもらったことにより、『自分たちは君主に信頼されている』と感じ、忠実な部下となるんだ。これまで忠実であった者たちはより忠実になるし、これまで反感を抱いていた者たちでさえ忠実になるんだよ。そして、もちろん君主は軍備を手に入れることになる。武力さえキープしておけば、歩兵にしなかった他の民衆を安全に統治することも可能だからね」

**たろうくん**「なるほど。平民どもを歩兵に仕立て上げることは良いこと尽くめなんですね」

**ふくろう先生**「ただ、マキャベリは、新しく獲得した支配地の民衆に関しては、非武装にした方が良いと言っているね。厳密に言えばよしおくんたちは『新しく獲得した支配地の民衆』なのだけど、吸収してから日が経っていること、裏切りの心配が少なかったことから、あえて兵力に加えたんだろうね」

**はなこちゃん**「仕事を与えれば忠実になるだなんて、愚民どもは本当に御し易くて助かるわ」

# 5年3組の勢力図　第19章

**ひろし**

だいき　みのる
ゆみこ　ようこ
よしお　たくみ
かえで　さくら　あかね　かれん
まなみ　さおり　めぐみ　ななこ
やまと

**りょうこ**

かおる
はやと　たかし
あおい　みさき　はるか
つばさ　りょう
はじめ　まこと
ふとし　なおき
まあや
あやの　ともこ　ななみ
わかな　しおり
まなぶ　さとし
すぐる　たつや

**たける**

# 第20章　分断工作について
## ――騎馬戦の反乱、りょうくんとつばさくんの帰順

よしおくんたちを馬に抜擢することでグループの結束を強めたひろしくん。しかし、彼の騎馬戦での狙いは、さらに別にあったのです。

りょうこちゃんは自分のグループをまとめあげるため、これまでりょうくんとつばさくんを常に競争状態に置いていました。彼ら二人の運動能力は高く、グループのみんなは彼らを尊敬していました。もし彼らが協力して独自の一派を作ろうと動き出せば面倒なことになります。そこで、りょうこちゃんは彼ら二人を楽に操るため、二人を競争状態に置いたのでした。

りょうこちゃんは彼らを舌先三寸で操り、その対立を煽りました。りょうくんもつばさくんも、自分たちの運動能力に自信を持っています。お互いに負けん気も強く、プライドの高い彼らは、りょうこちゃんの策にすっかり引っ掛かってしまい、ことあるごとに激しくぶつかり合いました。それはライバルという言葉で形容するには無理があるほ

どに激し過ぎる激突でした。二人とも、お互いに相手に勝つことばかりを考え、とても手を取り合って一派を形成したり、共にりょうこちゃんに刃向かったりするような状態ではありません。こうして、りょうこちゃんはりょうくんやつばさくんが自分に嚙みつかぬよう、これまで巧く飼いならしてきたのでした。

りょうこちゃんのこの政策を、クラスメートはみな優れたものだと考えていました。しかし、ひろしくんだけは、この政策は失敗であり、このようにして保たれた安定は脆《ぜい》弱《じゃく》なものだと見抜いていたのです。そして、彼は騎馬戦においてこの政策を逆手に取り、りょうこちゃんグループへの侵略を行ったのです。

実際、りょうくんは焦っていました。ドッジ大会ではつばさくんの方が活躍し、必勝を期して挑んだマラソン大会でも、つばさくんにほんのわずかな差で負けてしまいました。二連敗です。このままでは、自分がつばさくんよりも劣っていると思われてしまいます。今度の騎馬戦では何とかしてつばさくんよりも活躍したい、彼はそう強く思っていたのです。

ですが、彼には一つ気掛かりなことがありました。馬の問題です。りょうこちゃんグループには、つばさくんとかおるくん以外で運動の得意な男の子はそうはいません。少数のそこそこ動ける男の子も、おそらくかおるくんの馬となってしまうでしょう。自分とつばさくんは残ったメンツから馬を構成することになるのですが、マラソン大会で後れを取った自分は、もしかしたらつばさくんより貧弱な馬をあてがわれるかもしれません。もし馬が、ふとしくん、はじめくん、まなぶくんなどであったなら、とてもつばさくん以上の活躍など出来ないでしょう。

りょうくんが一人いらいらと思い悩んでいると、そこへ、ひろしくんがにやにや笑いながらやってきました。

「やあ、りょうくん。実はちょっとお願いがあるんだ」

「なんだい、ひろしくん」

りょうくんはぶっきらぼうに返します。彼はりょうこちゃんやかおるくんのような、謀略を見抜く先見は備えていません。今はつばさくんに勝つことで頭がいっぱいで、ひろしくんと話すことなど億劫《おっくう》としか思っていませんでした。無愛想な対応のりょうくんに、ひろしくんは相変わらずにやけながら話を続けます。しかし、その言葉は驚くべきものでした。

「実は、だいきくんとみのるくんがきみの馬になりたがっているんだ」

「な、なんだって」

りょうくんはびっくりです。いくら彼が政治に興味がないとはいえ、いま、りょうこちゃんとひろしくんが交戦の真っ最中であることくらいはもちろん分かっています。その敵対するグループの、いわば武将格である自分に、ひろしくんがわざわざ馬を与えると言ってきたのです。りょうくんといえど、これが「りょうこちゃんを裏切れ」という意味であることはもちろん分かりました。

りょうくんは考えます。だいきくんとみのるくんといえば、ひろしくんの側近中の側近です。集団行動を得意とするひろしくんグループにあって中枢を担う二人は、おそらく平時からひろしくんの厳しい特訓に耐えてきた猛者のはず。騎馬戦の馬としては十分な働きが期待できます。そんな彼らに自分が乗れば、つばさくん以上の活躍をすることなど簡単な話です。このままりょうこちゃんグループに腰を据えていても、つばさくんに勝てるかどうか分かりませんし、かおるくんに至っては勝ち目すらありません。そう考えると、ここでひろしくんグループに寝返るのは何とも良い選択のように思われてきました。だいきくん、みのるくんを馬に与えてくれるというのは破格の待遇です。彼らは本来ひろしくんが乗るべき馬だからです。これでつばさくんに勝てる……。りょうくんの決意は固まりました。

「オーケー、いいよ、ひろしくん。僕なんかで良ければだいきくんたちと一緒に騎馬戦に出るよ」

りょうくんはあっさりと寝返ってしまいました。彼にはたけるくんを裏切った前歴もあります。彼の性格を考えれば、この旨い話に乗ってきたのも当然の結果といえるでしょう。ひろしくんの想定通りの展開です。

そして、運動会当日。優秀な馬を得たりょうくんはノリノリのブリブリです。だいきくん、みのるくんはさすがはひろしくんの側近。赤兎馬もかくやの見事な働きです。りょうくんは、まさに人馬一体といった体で八面六臂《はちめんろっぴ》の大活躍を見せました。

さらに、ひろしくんはクラスメートのつばさくんをさりげなく妨害しました。運動会はクラス対抗ではありますが、もちろんどのクラスも一枚岩というわけではありません。全ての学年の全てのクラスが、5年3組のように苛烈な君主争いを繰り広げているのです。そのため、このようにさりげなく仲間の足を引っ張り合う光景が、どこのクラスにも見られるのです。ひろしくんから、さりげない、しかし、執拗な妨害を受けたつばさくんは、りょうくんが彼と内通していることを確信しました。

騎馬戦はつつがなく終了し、結局りょうくんはつばさくんに大差を付けて勝利します。意気消沈するつばさくん。そこへ、ひろしくんが優しく声をかけました。

「つばさくん、ナイスファイト！　りょうくんやつばさくんが頑張ってくれたおかげで、僕たちのクラスは高得点だよ」

ついさっきまで僕を妨害してたくせになんてことを言いやがるんだ。つばさくんはそんなことを思いながらも、もちろん口には出しません。ひろしくんが続けます。

「いやあ、でもやっぱり騎馬戦は馬が大切だよね。本当に馬が大切だ。乗り手も大切だけれど、それにしてもやっぱり馬が大切だ。馬が大切。そうだよね、つばさくん」

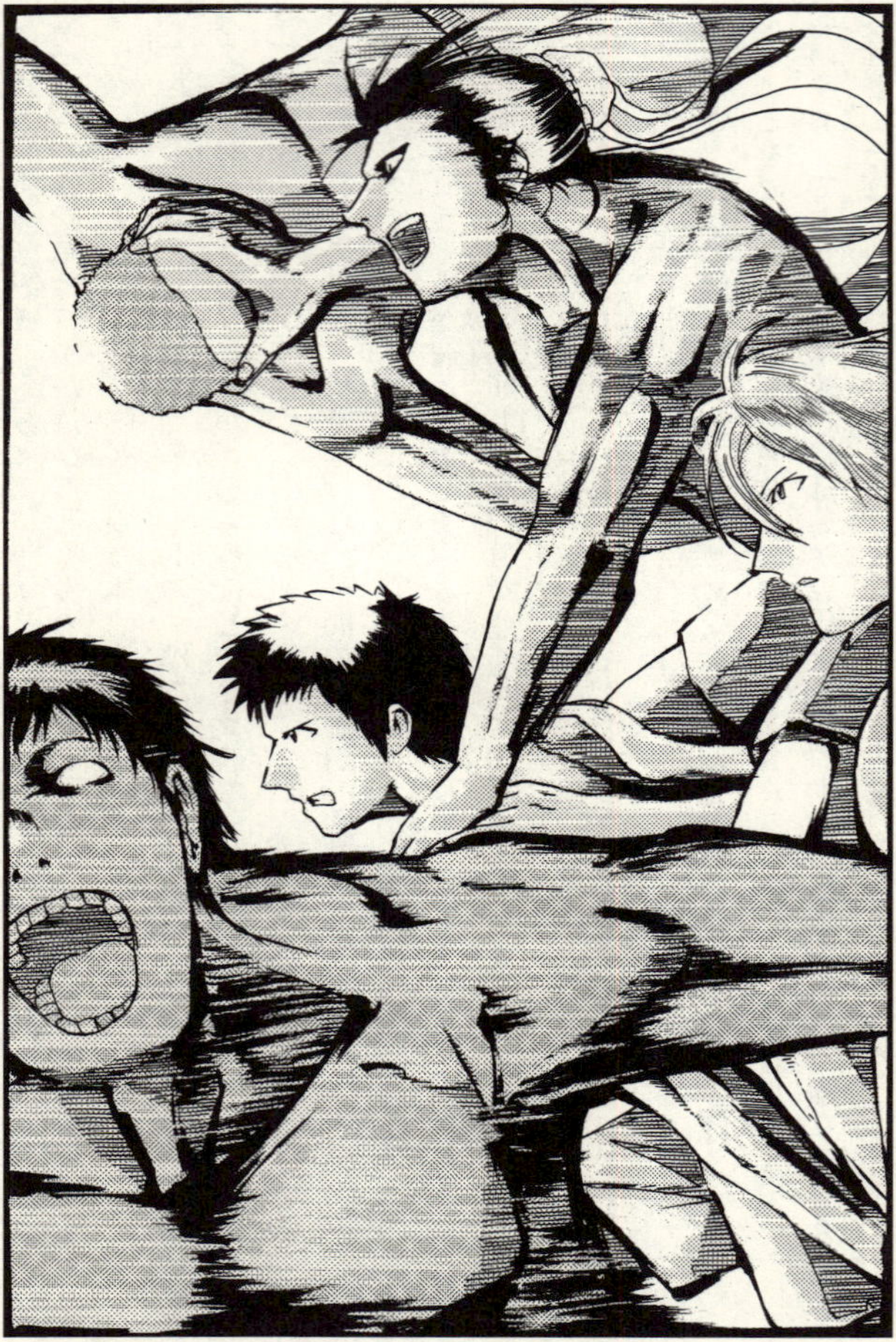

この言葉はつばさくんの胸に突き刺さります。

(確かにそうだ。りょうくんの馬は強すぎた。統率の取れた力強い動き、高い旋回能力、惰弱さの欠片もない果敢な突進、騎馬戦の馬としてあれほど優れたものはないだろう。ひろしくんの馬だってそうだ。よしおくんやたくみくんたちの動きは、明らかに以前の彼らとは違っていた。彼らはたった数カ月であれほどの力を得ていたのか……)

つばさくんは、ひろしくんの統率力を目の当たりにし、段々と彼に対する尊敬を募らせていきました。そして、数分の説得の後、つばさくんもまた、ひろしくんの下へ身を寄せることとなったのです。

こうして、ひろしくんはりょうこちゃんから、つばさくんとりょうくんという、二人の強力な手駒を奪い取ったのです。つばさくんもりょうくんも、こないだまでりょうこちゃんグループであった身です。彼らはその印象を覆すためにも、そしてひろしくんの信頼を得るためにも、ひろしくんに積極的に協力します。大玉転がしや棒引きなどで大活躍し、ひろしくんと勝利を分かち合ったのでした。りょうこちゃんグループもかおるくんの活躍が目覚しく、両者のグループ間でそれ以上のメンバー移動は起こりませんでしたが、それにしても、決め手となるはずの運動会で一人の増員もなかったばかりか、つばさくんとりょうくんという大事な手駒を取られたりょうこちゃんの悔しさは察するに余りあるものがあります。

たろうくん「ついにりょうこちゃんグループが引き抜かれちゃった。りょうこちゃんの取っていた政策は失敗だったのかなあ」

ふくろう先生「そうだね、たろうくん。マキャベリは、分断工作はあまりお勧めできないと言っているよ。確かに、支配地の内部で派閥争いをさせれば、支配地の民衆はその派閥争いに一生懸命となり、それを陰で操っている君主に反抗しようという考えはなくなるよね。ただ、このような政策が有効なのは平和な時だけの話なんだよ。もし戦争が起こったならば、対立している派閥の弱い方は外国勢力と手を結ぼうとするし、そうすれば、強い方の派閥は彼らに対抗できなくなってしまうから、その支配地は簡単に外国勢力に乗っ取られてしまうんだ。りょうくんも、ひろしくんとあっさり手を結び、つばさくんを簡単に破っただろう」

はなこちゃん「配下を争わせて操るなんて、とってもワクワクする素敵な政策なのにね。分断工作はダメなのかぁ……残念だわ」

ふくろう先生「そして、ひろしくんに寝返った二人は一生懸命に働いたね。このように、最初は敵であった人たちが、自分たちの護身のために君主に身を寄せてくる場合、彼らは以前から君主の仲間であった人たち以上の働きを見せるものなんだ。今までは敵だったから、その印象を拭おうと懸命に頑張るんだよ」

はなこちゃん「まあ、なんて健気な話かしら。滑稽で面白いわ、あはは。じゃあ、せっかくだから、私も新参者のやる気を利用してコキ使うことにしたいと思います、あはははははははは」

ふくろう先生「それが賢い君主というものだよ、はなこちゃん」

## 5年3組の勢力図　第20章

**ひろし**

だいき　みのる
ゆみこ　ようこ
よしお　たくみ
かえで　さくら　あかね　かれん
まなみ　さおり　めぐみ　ななこ
やまと

**りょうこ**

かおる
はやと　たかし
あおい　みさき　はるか
[つばさ　りょう] → ひろし
はじめ　まこと
ふとし　なおき
まあや
あやの　ともこ　ななみ
わかな　しおり
まなぶ　さとし
すぐる　たつや

**たける**

# 第21章　同盟と中立
## ——決戦の雪合戦、たけるくんの優柔

絶対有利と言われた運動会において、まさかの敗北を喫したりょうこちゃん。つばさくんとりょうくんを失ったのは大きな痛手でしたが、しかし、この程度でひるむりょうこちゃんではありません。勝敗は兵家の常です。彼女は早くも気を取り直して、ひろしくんグループを一網打尽にする次なる機会を狙っていたのです。

月日は流れ、穏やかな秋は過ぎ去り、目立町にも冬が訪れました。そして、12月のある朝のことです。いつもと違う冷気で目を覚ましたりょうこちゃんは、飛び起きて窓の外を見渡します。そこに広がるのは一面の銀世界！　目立町は真っ白な雪に包まれていたのです。

「来た！　ついにこの時が来た！」

りょうこちゃんの眼に野望の焔が灯ります。これでひろしくんも終わりよ！　久しく忘れていた、相手を蹴散らす時のあの高揚感がりょうこちゃんの血をたぎらせます。彼

女は急いで朝食をかっこみ、完璧な防寒着を揃えて、学校へと駆け出していきました。

一方のひろしくんも、自室の窓からこの雪景色を見つめていました。ひろしくんはベッドから降りて冷たい床に座り、座禅を組んで、精神を研ぎ澄ませます。数分の瞑想の後、ひろしくんの心は空となり、全ての雑念が払われました。そこへ、ただ勝利への意欲と権力への野望だけがふつふつと湧きあがり、ひろしくんの心を満たしていきます。

今日がりょうこちゃんと雌雄を決する戦いになるだろう。だが、勝つのは僕だ！　ひろしくんは勢い良く立ち上がり、毅然とした足取りで洗面台に向かい、冷水で顔を洗い気合を入れた後、お母さんの用意してくれたハムエッグと納豆をおかずにごはんを二杯食べて、いちご味のはみがき粉で歯を磨き、夕方から放映されるテレビ番組を録画予約した後、すたすたと歩いて家を出ました。


「放課後はみんなで雪合戦しましょ！」

ひろしくんが学校に着いてすぐ、りょうこちゃんが勢い良く飛び付いてきました。クラスを見渡せば、みんなもうすっかり雪合戦ムードです。りょうこちゃんグループもひろしくんグループも関係なく、みんな雪合戦を楽しみにしているようです。おそらく、ひろしくんの登校前にりょうこちゃんが弁舌を駆使し、みんなをその気にさせていたのでしょう。さすがはりょうこちゃんです。プロパガンダも超一流です。

さあ、どうするのひろしくん。ここまで盛りあがったら、もうドッジボールの時みたいに逃げることは出来ないわよ。りょうこちゃんの可憐な笑顔が悪魔のように歪みます。ひろしくんは、そんな彼女の邪念をフッと笑い飛ばし、快活に答えました。そう、ここまではひろしくんの想定通りなのです。

「もちろんさ、りょうこちゃん。今日は心行くまで遊び尽くそうよ！」

ありがとうひろしくん、じゃあ私は早速みんなに伝えてくるね！　そういって、りょうこちゃんはみんなの方へと走り出します。分かっていたよ、りょうこちゃん。きみが今日の雪合戦で勝負をかけてくることはね。ひろしくんの自信は小揺るぎもしません。

なお、このとき、クラスの中での評価は、4対6でりょうこちゃん有利、というものでした。つばさくんとりょうくんを手に入れたひろしくんですが、りょうこちゃんにもかおるくんがいます。それに、人数差も18対21とりょうこちゃん側優勢で、さらに、ひろしくんグループは男の子が8人しかいないのに対し、りょうこちゃんグループには11人も男の子がいるのです。また、それだけでなく、りょうこちゃんは「雪の女王」の異名を持つ程に、雪中での指揮能力を称えられていたのです。

用兵にかけては、ひろしくんもクラス屈指の実力者です。しかし、こと雪中での用兵となると、りょうこちゃんに大きく水をあけられてしまいます。それほどに、りょうこちゃんの雪中指揮能力は圧倒的でした。彼女は毎年家族でカナダへスキー旅行に行っており、雪についての幅広い知識や雪の扱い方、雪中での行動に最適な防寒着や、キックステップからビバークまでの雪上技術をマスターしていました。これまでも雪合戦を通じて何度もクラスの支配に成功しており、彼女は雪上戦闘に絶対の自信を持っていたのです。

そういった総合的な戦闘力を推し量って付けられたのが4対6という数字です。ひろしくんがどんな策略を用いて来ようとも、雪上での戦闘ならりょうこちゃん優位は揺るぎ無い、それがクラスメートの一致した見解であり、りょうこちゃん自身も自分の有利を確信していました。

しかし、そんな彼女にも一つだけ気掛かりな点があったのです。いまだどちらの勢力にも属していない、たけるくんの存在です。たけるくんは、かおるくん、つばさくん、りょうくんなどと並び、運動能力に優れた男の子です。また彼は、冬の間でも半袖で登校してくるほどに元気な男の子でした。雪が降ると、どんな子供でも寒さから動きが緩慢になるものですが、冬でも元気なたけるくんならば、雪合戦でも普段と変わらぬ行動力を発揮し大いに活躍することでしょう。彼がひろしくんグループに付いたならば戦力は五分五分。下手をすればりょうこちゃん不利となってしまうかもしれません。また、たけるくんは、まなぶくんの配下であった頃からひろしくんと親交があり、まなぶくんがひろしくんに裏切られた後も、彼らは一緒に駄菓子屋へ行くなど仲良く振舞ってきたのです。これまで、たけるくんが一人で孤高の立場を貫いてこれたのも、ひろしくんの庇護あってのことと言えます。たけるくんは、かなりひろしくん寄りの立場なのです。

ただ、りょうこちゃんにとってありがたいことに、たけるくんはこの期に及んでなお、ひろしくんに味方するかどうか決めかねていたのです。クラスメートはみな、この一戦でクラスの支配者は二人のどちらかに決まると考えていました。たけるくんとしては、ひろしくんに与してりょうこちゃんの明確な敵となるよりは、今回は中立を守って、勝った方の小君主に取り入る方が安全なのです。りょうこちゃんとしては、たけるくんさえ動かなければ自分が勝てるはずですから、ここは下手に刺激せず、彼に中立を勧めることがベストであるように思われました。彼女は早速たけるくんを牽制します。

「ねえ、たけるくんは今日の雪合戦に参加しないんだよね？」

「え!? あ、ああ。うん、そうだよ。しないしない。雪合戦なんてするもんか！」

りょうこちゃんの言葉に一瞬戸惑いを見せたたけるくんでしたが、やはり彼としても今回は下手に動きたくはないようです。たけるくんの態度を確認し、りょうこちゃんはホッと一安心。これでたけるくんがひろしくんに付くことはないだろう。彼女は安堵して、自分のグループへと帰っていきました。

しかし、たけるくんはうなだれます。本当にこれで良かったのだろうか……？　彼は本当はまだ悩んでいたのです。自分一人が中立を保つのは卑怯なんじゃないか、とも思いましたし、単にみんなと一緒に雪合戦がしたいというのもありました。それに、たけるくんは何かが気になっていたのです。中立策はいまの自分が取れる最良の策だと信じていましたが、理屈では割り切れぬ、何か言いようのない不安のようなものも感じていたのです。

たけるくんは悩みながらも、いやこれでいいんだ、と自分を説き伏せました。そして放課後が近づき、後は終わりの会を残すだけとなります。終わりの会が終わったらさっさと家に帰ろう、たけるくんがそう思い始めたときのことです。不意にひろしくんがたけるくんの肩を叩きました。

「たけるくん、きみは今日の雪合戦に参加しないんだってね」

「う、うん……」

ひろしくんへの申し訳なさから、たけるくんは目を合わせることもできません。

「そうか、それはすごく寂しいなあ。僕はたけるくんと一緒のチームで雪合戦したかったよ」

ひろしくんからの誘いに心が揺れるたけるくん。でもここで誘いに乗ってはダメだ。たけるくんは必死に踏み止まります。ひろしくんが続けます。

「でもさ、たけるくん。今日、僕たち雪合戦して、僕たちのグループもりょうこちゃんのグループも、きっとすごく、すごーく、仲良くなると思うんだよね。ね、そうだと思わないかい、たけるくん。僕たちだけ、そう、雪合戦に参加した、僕たち、だ、け、が、すごーく仲良くなると思うんだ。どういう意味か分かるかい、たけるくん？」

たけるくんは首を捻ります。ひろしくんは一体何が言いたいんだろう……。

「僕たち、だ、け、が、すごーく仲良くなるんだよ」

ひろしくんのリフレイン。途端にハッとした表情でひろしくんを見つめるたけるくん。彼は何かに気付いたようです。応えて、ひろしくんがニタリと笑います。そう、たけるくんは、ひろしくんのこの言葉に、先ほど感じた言いようのない不安の正体を見たのでした。

つまりはこういうことです。この一大決戦は全てのクラスメートが死にものぐるいで挑む、いわば最終決戦にも等しいものです。それほどのビッグイベントに不参加ということは、ただそれだけで、自分の立場はとても悪くなってしまうのです。ひろしくんとりょうこちゃん、そのどちらが勝とうと、彼らは強大な権勢を盾に安々と自分を吸収するでしょう。そして、そうなってしまえば自分の立場や発言権が低く抑えられることは間違いありません。一大決戦のこの大事な時に様子見を決めこんだ自分を、ひろしくんもりょうこちゃんも信頼してくれるはずがないからです。中立を貫けば、確かに今回は敗北を避けることができるでしょう。ですが、それは単に問題を先送りし、自分の立場をただ悪くするだけのことだったのです。

「だからさ、たけるくん。僕たちと一緒に雪合戦しようよ」

そうです。中立に何のメリットもない以上、たけるくんとしては腹を決めてどちらかの味方に付くしかないのです。どちらかの味方についたなら、もしそのグループが勝利した場合、たけるくんはきっと彼らから感謝され、その後も親友として良い立場を得ることができるでしょう。もし負けたとしても、たけるくんは、そのグループから厚い信頼を得ることになり、最終的な立場もそう悪いものにはならないはずです。逆に中立はどちらのグループからも低く扱われるだけなのです。とにかく、中立を守ることが最悪の選択であり、どちらかに味方することはそれに比べれば遥かにマシなことなのです。そして、どちらに付くかといえば、たけるくんはもちろんひろしくんを選んだのです。彼はここで打算から友情を切り捨てるほどには、クールに徹し切れない男の子なのでした。また、さすがのひろしくんも、このときばかりはたけるくんの友情に感謝し、彼の参戦を喜んで迎えたのでした。

そして放課後。雪合戦は開始され、それは激戦を極めました。なにしろ、互いの戦力は全くの五分なのです。ひろしくんは雪上での行動に慣れていないため、平時のような巧みな用兵はできません。目標地点へ予定の時刻までに進軍できないとか、手が冷たくて雪玉を想定数用意できないなど、思わぬイレギュラーにも見舞われます。しかし、それをりょうくんやつばさくん、そしてたけるくんなど、優秀な男の子たちが個人技能でカバーしていました。

一方、りょうこちゃんは、さすが「雪の女王」です。彼女は雪を完全に知り尽くしていました。ひろしくんたちがとても進めないと思った雪深い場所を踏破し、そこに伏兵を忍ばせ、平地では堅牢なシェルターを作って防御能力を高めました。また、雪球製造器なるタコ焼き器のような兵具を持参し、均一で強度の高い雪玉を効率的に生産し、弾薬数を底上げしました。さらに、チームメートたちはりょうこちゃんから貸与された手袋に両手を護られていたため、最後まで高い士気を保って戦い続けたのです。

このように両者の戦いは熾烈を極めましたが、二時間を超す戦闘の結果、雪中で一人、圧倒的な行動力を見せたたけるくんが、砂場の中に埋められ隠されていたりょうこちゃんグループのフラッグを発見し、見事ひろしくんチームに勝利をもたらしたのでした。ひろしくんがたけるくんの参戦に改めて感謝したことは言うまでもありません。

一方、必勝の構えで挑んだ雪合戦で、まさかの敗北を喫した雪の女王りょうこちゃん。りょうこちゃんグループの何人かは「りょうこちゃんもこれまでだな」と彼女を見捨て、ひろしくんグループへと流れていきました。このとき、ひろしくんグループへ流れたのは、すぐるくん、たつやくん、はじめくん、まことくん、まあやちゃん、あやのちゃん、ともこちゃん、ななみちゃんの8人です。たけるくんも傘下に収めたひろしくんは、この雪合戦において9人もメンバーを増やし、りょうこちゃんを圧倒する勢力へと躍進したのでした。ひろしくん、5年3組統一まであと一歩です。

---

たろうくん「ふくろう先生。今回のたけるくんは難しい立場にあったけど、結局、彼の判断は正しかったんですか？」

ふくろう先生「そうだね。今回、たけるくんはひろしくんから共に戦うように言われ、りょうこちゃんからは中立を守るように言われているね。実際の戦争でも、このようなことは良くあるんだ。こんなとき、多くの人は目前の戦争を避けようとして中立の道を選んでしまうけど、それは間違いだってマキャベリは言ってるよ。中立を守るくらいなら、どちらの味方をするかハッキリ明言して戦いに参加した方が後々良い結果となるんだ」

はなこちゃん「でも、たけるくんにしたって、結局はひろしくんグループに吸収されてしまったのでしょう。どちらの味方についても結局吸収されてしまうなんてイヤだわ」

**ふくろう先生**「確かにね。けどマキャベリはここに関してのみ、人間の本性は邪悪であるという見方を緩和しているよ。すなわち、勝利した側は苦しい時に助けてくれた者の恩を完全に忘れることができるほど不実にはなれないし、それにどんなに大勝したとしても、助けてくれたものを叩き潰すほど非道なことはできるものではないんだ。そんな非道なことをしても許される程の完璧な勝利なんてありえないからね。勝利とは、いつの場合でもそれほど完璧なものではないんだよ。だから、勝利した側の意のままに動かされることは仕方ないとしても、それでも相手は友情を感じてくれるはずなんだ」

**たろうくん**「自分が味方した側が負けてしまった場合でも、それでも中立を守るよりマシなんですか？」

**ふくろう先生**「うん、マシなんだね、たろうくん。もし負けたとしても、苦しい時に共に戦ってくれた恩を相手は忘れないだろう。だから、相手はきみのことをかばってくれるだろうし、その後も応援してくれる。もし、相手に運が向いてきて復興したならば、そのとき相手はきみのことを重く用いてくれるはずだよ。その一方、中立を守った場合は単に勝利者の餌食になるだけなんだ。勝利者は苦しい時に助けに来てくれなかった者など仲間にしたいとも思わないし、敗者にしたって、自分を助けてくれなかった者をかばってやる義理などないからね」

**はなこちゃん**「ねえ、ふくろう先生？　どちらかから同盟を求められた場合のことは分かったわ。逆にこちらが同盟を求める場合はどうなのかしら。私は争いごとが三度の飯より大好きだけど、でも、勝てる戦いしかしたくないわ。どうせなら、自分より強大な勢力と同盟を結び、他人の力で楽に勝ちたいのだけれど」

**ふくろう先生**「はなこちゃん。残念ながらそれは良くないね。それだと、たとえ勝利を収めたとしても、きみが同盟国の意のままに動かされるだけだよ。やむを得ない場合を除いて、自分より強い者と組んで他者を攻めることは止《よ》した方がいいんだ」

**はなこちゃん**「分かりました、ふくろう先生。今度からは自分の力だけで相手を踏みにじるよう努力します」

**ふくろう先生**「その意気だよ、はなこちゃん。がんばって！」

# 5年3組の勢力図　第21章

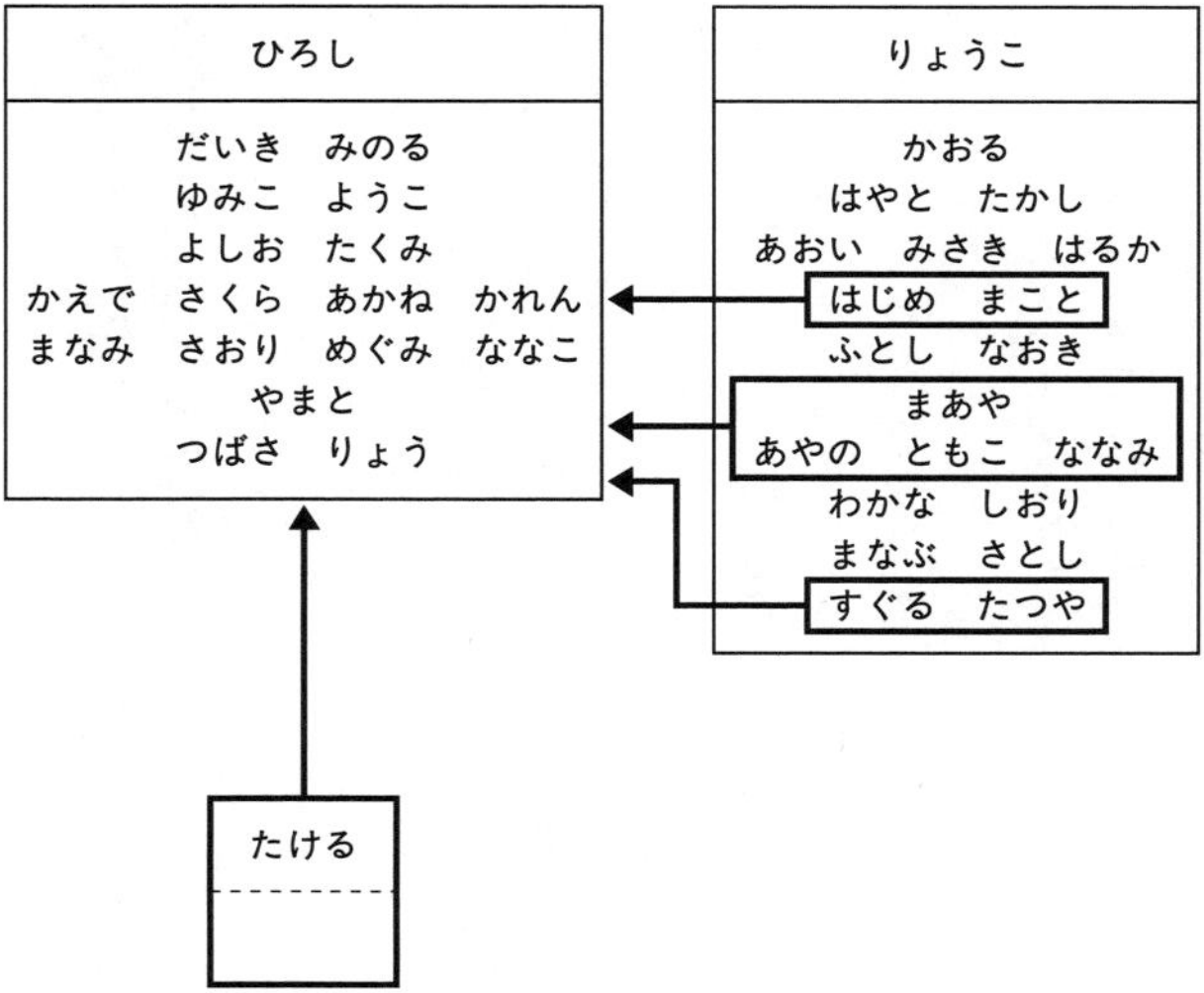
ひろし
だいき　みのる
ゆみこ　ようこ
よしお　たくみ
かえで　さくら　あかね　かれん
まなみ　さおり　めぐみ　ななこ
やまと
つばさ　りょう
りょうこ
かおる
はやと　たかし
あおい　みさき　はるか
はじめ　まこと
ふとし　なおき
まあや
あやの　ともこ　ななみ
わかな　しおり
まなぶ　さとし
すぐる　たつや
たける

# 第22章　有能な側近から適切な助言を得るためには

## ——福笑いの敗北、りょうこちゃんの斜陽

運動会に続き、負けられない戦いを二度も落としたりょうこちゃんの無念は、それは計り知れないものでした。目立小学校へ入学してからというもの、彼女はあらゆる雪合戦に勝利し、そしていつも雪合戦を決め手としてクラスに君臨してきたのです。それがまさか、今回に限ってあのような不覚を取ってしまうとは……。運動会まで、彼女の仲良しグループは23人という大所帯で、また、りょうこちゃん自身も学級代表として大いなる権勢を揮っていました。それが今ではグループの人数はわずかに13人。二学期ももうすぐ終わらんとしています。りょうこちゃんとしては、冬休みの間に少しでも勢力を回復しておきたいところでした。

そして、終業式の日。担任の一文字先生が冬休み中の諸注意を告げて教室を去った後、りょうこちゃんは教壇に駆け上がり、みなに告げたのです。それは再起を図る彼女からの、悪魔の招待状でした。

「みんな、聞いてくれる？　来年のお正月、1月4日に私のおうちで新年会をやろうと思うの。美味しいお菓子やプリン、甘酒にお汁粉をたっぷり用意しておくから、みんな遠慮なく遊びに来てね！　もちろんひろしくんも来てくれるよね⁉」

ここで、りょうこちゃんがわざわざひろしくんを名指ししたのは、ひろしくんグループを確実に家に呼び寄せるためです。ひろしくんには、もちろんりょうこちゃんの狙いは分かっていました。彼女の家は大変なお金持ちで、立派なお屋敷の中には西洋の鎧や、ゴージャスなグランドピアノ、何が描いてあるのか良く分からない高そうな絵画があちこちに掛かっているという話です。子供たちがそのような珍奇なものに目を惹かれない訳がありません。さらに、お菓子やプリンが振舞われるわけですから、りょうこちゃんはみんなから大きな歓心を集めることができるでしょう。それを考えれば、ひろしくんにとってこの新年会は決して楽しいものではありません。しかし、ひろしくんグループのみんなは、目の前にぶら下げられたエサ、その中でも特にプリンに反応し、ドキドキしながらひろしくんの反応を窺っています。りょうこちゃんとしては、みんなが来るなら良し、ひろしくんが断ったとしても、彼は配下の友達の反感を買うことになるので、それもまた良しといったところでした。どちらの場合でも彼女の有利は変わらないのです。さあ、ひろしくんは何と応えるのでしょうか。

「うん、もちろんお邪魔させてもらうよ！　みんなも行こうね！」

――快諾です！

これを受けて、ひろしくんグループから歓声が上がります。ばかなひろしくん！　あなたもプリンには勝てないのね！　りょうこちゃんは勝利を確信し、ニタリと汚い笑顔を浮かべました。しかし……

「そうだ、りょうこちゃん。こないだ図画工作で福笑いセットを作ったじゃないか。せっかくだから、新年会はあれで遊ぼうよ」

と、ひろしくんが言い出したのです。なぜ、ここで福笑いを……？　りょうこちゃんは疑問に思いましたが、二つ返事で承諾しました。けんか凧やこま回しなどで勝負を挑まれることは想定していましたが、福笑いでは勝負の付けようがないではありませんか。しかし、それならば豪華な屋敷と極上の焼きプリンでみんなの心を掴むだけの話です。りょうこちゃんはこのことをあまり深く考えませんでした。

1月4日、ひろしくんは配下の友達を引き連れ、りょうこちゃんのお屋敷へとやってきました。聞きしに勝る豪邸です。しかし、りょうこちゃんのおうちは高い壁に取り囲まれ、門は大きく重い鉄扉で固く閉ざされています。どこから入れば良いのかさっぱりです。この門も子供たちが押せども引けども開こうとしません。そこでひろしくんたちは「りょーうこちゃーん、あーそーぼー」と何度も声を張り上げましたが、やはり門は固く閉ざされたままです。ひろしくんたちは途方にくれてしまいました。

と、そのとき。隣の八百屋から青いキャップをかぶったスマートな男の子が颯爽と現れます。――かおるくんです。彼はりょうこちゃんグループの友達を引き連れていました。

「やあ、ひろしくん。あけましておめでとう。りょうこちゃんから、きみたちを案内するよう頼まれていたんだ」

ひろしくんはここでリーダーシップを奪われてなるものかと思いましたが、しかし、りょうこちゃんのお屋敷に入る方法すら分からないのですから、どうしようもありません。立ちすくむひろしくんに、かおるくんは、ほら案内がいるだろう、とばかりに笑いかけました。

かおるくんは慣れた手つきでインターホンを押します。

「……あ、秀治さんですか。隣の熊田かおるです。あけましておめでとうございます。……はい、りょうこちゃんに誘って頂いて。はい、お願いします」

ことの成り行きに、ひろしくんは呆然と突っ立ったままです。

「執事の人が迎えに来てくれるから、みんなちょっと待っててね」

と、かおるくん。みんな、彼の発した「執事」という耳なれない言葉に戸惑っています。なんだ執事って？　ヒツジ？

しばらくすると、目の前の重厚な鉄の扉がゴゴゴゴと音を立てて開きました。そして、その向こうには、白髪に白ひげを生やした正装のおじいさん（だからヒツジさんなのだとみんなは思いました）と、細長い変てこな形をした車が数台、彼らを迎えに来ていたのです。ひろしくんたちは知りませんでしたが、これはリムジンという車なのです。みんなは促されるままに、それらに乗り込みます。そして、車で5分ほど走った後、彼らはようやくりょうこちゃんの邸内に入ることができたのでした。

「うわぁー、なにこれー！」

ななこちゃんが感嘆の声を上げます。

「なんだこれ！　すっげー！」

たつやくんも興奮気味です。

そこに広がる光景は、彼らが生まれて初めて目にするものでした。邸内はどこもピカピカとまばゆいばかりに輝き、まるで建物自体が一つの宝石箱のようです。しかし、りょうこちゃんのお部屋に入ると内装は一転、彼女の部屋は落ち着いた感じのアンティークで統一され、立派な蓄音機からはヴィヴァルディが流れていたのです。彼女の部屋は60畳ほどの広さがあり、クラスメート全員を収容して、なおゆとりある大きさでした。その中心には綺麗な晴れ着を纏《まと》ったりょうこちゃんが、にっこりと笑顔をたたえながら、みんなの到着を待っていました。

「みんな、あけましておめでとうございます。今日はお菓子もプリンもたくさん用意したから、楽しんでいってね」

そう言ってにっこりと笑った後、りょうこちゃんはにわかに表情を変え、ひろしくんを憤怒の形相で睨みつけます。彼女としては、あくまで己の力量だけでクラスを支配したいと考えていましたし、現にこれまではそうしてきたのです。親の財力などという切り札を使うことになり、彼女は大いに自分を恥じていました。それもこれもひろしくんのせいだ、彼女がそう考えたのも無理はありません。ですが、恥を忍んでまで推し進めてきたこの作戦も、彼女が期待するほどの効果をあげることはできなかったのです。

彼女の目論見が崩れたのは、まずはさおりちゃんの一言からでした。

「りょうこちゃん。このプリン、あたしたちがいつも食べてるのと味が違うよー。あんまり美味しくないい……」

さおりちゃんの言葉にりょうこちゃんはビックリです。慌てて自分もプリンを口にしますが、それはまぎれもなく最高級の焼きプリンでした。りょうこちゃんは困惑しましたが、実はまさにその事こそが問題だったのです。そうです。いつも安物のプリンしか食べたことのなかったさおりちゃんたちに本格的なプリンの味など分かるはずがなかったのです。

「りょうこちゃんのお部屋はどうしてこんなに古臭いの？」

「りょうこちゃん、どうしてこのラッパは掃除時間の曲を流してるんだい？　なんだか落ち着かないよ」

子供たちのとんちきな質問は止まりません。めぐみちゃん、これは古臭いんじゃなくてアンティークっていうのよ。やまとくん、ヴィヴァルディは掃除のために曲を作ったんじゃないのよ。りょうこちゃんは必死になって説明しますが、みんなには全然分かってもらえません。結局、彼らには「りょうこちゃん家《ち》はたどりつくまでが面倒くさくて、美味しくないプリンが出てくる、古臭くて大きなお部屋」くらいにしか思えなかったのです。りょうこちゃんの目論見は完全に破綻しました。困った顔であたふたとするりょうこちゃんを横目に、ひろしくんはニタリと汚い笑顔を浮かべます。

「さあ、みんな。美味しいお菓子もたらふくご馳走になったことだし、ここらで福笑いでも始めようじゃないか」

さんせーい！　子供たちが声を揃えます。ひろしくんはゲストの身でありながら、弱り切ったりょうこちゃんからリーダーシップを奪い取ったのです。そして、子供たちはおのおの図画工作の時間に作った福笑いセットを取り出します。

「みんないいかな。これは僕が考えた遊び方なんだけど、みんなの福笑いセットを全部一緒くたにして、それを僕とりょうこちゃんが一人ずつ作るというのはどうだろう？　僕たちは目隠しをするから、みんなは僕たちの周りで巧く顔が作れるように指示してくれないかな？」

　さんせーい！　またまた声を揃える子供たち。ここまではひろしくんの計画通りです。みんなは福笑いセットを一緒くたにまとめます。至極平凡な目や鼻を作っている子もいれば、個性的なパーツを作っている子もいますし、人類の顔とは思えぬパーツを作っている子もおり、まさに千差万別です。それらが全部一緒くたにまとめられ、中央に集められました。そのパーツの山から離れたところで、ひろしくんとりょうこちゃんは背を向け合って座り、彼らの周りを各々のグループの子供たちが取り巻きます。取り巻きの子供たちは、中央の山からこれはと思うパーツを持ってきては小君主に手渡し、小君主は取り巻きたちの指示を受けて、それをおかめの上に並べていくのです。

　ところで、先ほどひろしくんは「巧く顔が作れるように」と言っていましたが、これは決して端正な整った顔立ちのおかめを作ることを意味していません。それでは場が盛り上がらないからです。むしろ、滑稽で面白い顔を作り、場を盛り上げることこそが福笑いの本義と言えるでしょう。今回はクラスメート全員の福笑いパーツを使うことができるため、作ることのできる顔の自由度は高く、組み合わせ次第ではより滑稽で面白い顔が作れるのです。もちろん、自由度が高いということは、裏を返せばひどくつまらないものを作ってしまう可能性もあるわけで、どのようなおかめが出来上がるかは、ひとえに指示を出す子供たちのセンスに掛かっているのです。

しかし、りょうこちゃんはこの遊びの重要性を理解していませんでした。こんなものはその場の偶然に左右される遊びであり、誰がやろうとも同じようなものだろう、これでひろしくんと差がつくことなんてありえない。そう考えていたのです。そのため、彼女はむしろ配下の友達の意見を公平に取り入れることでグループの結束を深めようと考えていました。そして、実際にりょうこちゃんはみんなの意見を公平に取り入れておかめを作ったのです。

二つのグループはお互いにきゃっきゃとはしゃぎながら、おかめを作っていきました。しばらくして、ひろしくんから「こっちはできたよー」という声が上がります。りょうこちゃんの方も完成しています。「じゃあ見せ合いっこしましょ」と、りょうこちゃん。

二人は目隠しを外し、中央へ向き合います。

「じゃあ、まずは僕たちのから見せるね」

ひろしくんが自分たちのおかめを差し出しました。

その途端、りょうこちゃんグループからどっかんどっかんと笑い声が上がります。りょうこちゃんも堪らず吹き出してしまいました。それほど、ひろしくんたちの作ったおかめは滑稽なものだったのです。ひろしくんのおかめは大好評。彼らはしばらくの間、この鼻の位置は絶妙だなあ、この目と口の組み合わせは反則だよ、などと言いながら、みんなで楽しく笑い転げました。

「いやあ、巧く並べられなかったなあ。恥ずかしいや。じゃあ、次はりょうこちゃんのを見せてよ」

と、ひろしくん。

みんなが余りに楽しく笑っているものですから、「今日は正月だし、みんな浮かれているのかしら」と思いながら、りょうこちゃんは自分たちのおかめを差し出します。と、その瞬間。先ほどまで呵々大笑していた一座が水を打ったように静まり返りました。

「う、う～～ん、これは、ねえ……」

「なんといいますか、その、もはや……」

場は重苦しい雰囲気に包まれます。何が起こったのか分からず、おろおろするりょうこちゃん。しかし、彼女の作ったおかめはお世辞にも愉快なものとは言えなかったのです。というのも、配下の友達すべての意見を公平に取り入れて作った彼女のおかめは、各々が「面白い」と思うセンスが部分的に取り入れられた大変中途半端なものであり、その結果、実に悪趣味なおかめができあがっていたのです。ですが、当のりょうこちゃんには、なぜこのようなことになったのかさっぱり分からず、ただおろおろとするばかりです。

「さ、さあ、みんな。気を取り直してもう一度福笑いで遊ぼうよ」

場を取り仕切るひろしくん。りょうこちゃんも、さっきのは運が悪かっただけだと自分に言い聞かせ、また同じようにおかめをこしらえます。しかし、それにしても、何故ひろしくんはあのような滑稽なおかめを作ることができたのでしょうか。

それは簡単です。ひろしくんは配下の友達の意見を聞いていなかったからです。いえ、正確に言えば、みのるくん、たくみくん、まことくんの意見以外には固く耳を閉ざし、ただ、彼ら3人の意見のみを取り入れていたのです。彼ら3人はクラスでもひょうきん者として知られた男の子たちでした。ひろしくんは彼らの笑いのセンスのみを信用していました。そして、そこに不純物を入れぬため、その他のどんな意見も頑として取り入れなかったのです。もちろん、彼ら3人の意見ならば何でも鵜呑みにしていたわけではありません。「みのるくんは面白いパーツを選ぶことに長けている」「たくみくんはバランス感覚に長けている」など、状況に応じて3人の意見を取捨選択していたのです。このような人為的操作の結果、ひろしくんは巧く滑稽な顔を作り上げていたのであり、決して偶然に頼っていたわけではなかったのです。

先の結果は偶然ではないのですから、二回目の福笑いも当然一回目同様の結果に終わります。みんなは「あーあ、またか」という目でりょうこちゃんを睨みつけます。周囲から無言の非難を受け、さすがのりょうこちゃんも気まずくて半べそです。さらにひろしくんは、ダメ押しとばかりに三回目の福笑いを断行し、りょうこちゃんを完全に叩きのめしました。そして、彼は、もうこれで十分と思い、配下の友達を引き連れ、意気揚々とりょうこちゃんの家をおいとましたのです。このとき、わかなちゃんとしおりちゃんとはるかちゃん、それにふとしくんとなおきくんまでがひろしくんに付いていきました。子供たちの世界では、笑いのセンスは人気者になるための大切な条件だからです。さらに、まなぶくんもここでりょうこちゃんを見限りました。この福笑いで、5年3組の雌雄は完全に決したと考えたのでしょう。まなぶくんとさとしくんもひろしくんの後を追い、ひろしくんグループはこの福笑いでさらに7人のメンバーの引き抜きに成功したのです。

ところで、彼らが新年会で火花を散らしていたころ、5年3組担任の一文字先生にとある異変が起こっていました。そして、これが三学期における彼らの勢力争いに、大きな影響を与えることとなるのです。5年3組の君主争いはいよいよ佳境を迎えます！

---

**たろうくん**「みんなの意見を取り入れたりょうこちゃんは失敗して、少数の者の意見しか取り入れなかったひろしくんが成功したけど、ふくろう先生、これは福笑い以外の場合でも言えることなんですか？」

ふくろう先生「もちろんだよ、たろうくん。誰の意見でも聞いていると、おべっかや下らない意見に惑わされてしまうだろう。本当に思慮深い君主は、自分が選んだ少数の賢者にだけ発言を許し、彼ら以外の意見には耳も貸さず、一度決断したことは翻さずにやり通すものなんだ」

はなこちゃん「確かにおべっかに惑わされることは怖いけれど、でも配下どもが苦言を正直に述べてきたら、君主は侮られちゃうんじゃないかしら？」

ふくろう先生「そうだよ、みんなが自由に苦言などを言うようになると君主は侮られるだろうね。だから正直な意見を言えるのは、選ばれた少数の賢者だけにするんだ。おそらくだけど、ひろしくんも製作過程のおかめがちゃんと滑稽なものになっているかどうかの途中チェックの時は、たくみくんたち3人にしか発言を許さなかったと思うよ。一方のりょうこちゃんはみんなの意見を取り入れて作っているため、途中経過を聞かれても、みんなは愛想笑いするしかなかっただろうね。自分のアイデアも入っているのだから、なかなか『面白くない』とは言えないものだよ。りょうこちゃんは彼らの正直な意見が聞けなかったため、愛想笑いを聞いて『面白いものができつつあるんだろうな』と誤解したんだ」

**たろうくん**「しかし、複数の賢者が互いに違うことを言ったらどっちを信じればいいんですか？」

**ふくろう先生**「そういうケースはよくあることだよ。賢者といえども人の子だからね。どうしても彼らの意見には私利私欲が含まれてしまう。自分に都合の良い助言をしてしまうんだね。だから、君主は彼らの意見から私利私欲を差し引いて、本当に役に立つ意見を採用しなければならない。つまり、意見が割れた場合は、君主が熟慮し、自分で結論を下さねばならないんだ。どんな素晴らしい助言があろうと、結局最後に物事を決めるのは君主なんだよ。ひろしくんも3人の能力を見越して、彼らの意見を取り入れていったよね」

**はなこちゃん**「分かりました、ふくろう先生。私は本当は誰の意見も聞きたくないけれど、選ばれた少数の『他の愚民より少しはマシなヤツら』の言い分くらいは、できるだけ聞くように頑張ります」

ふくろう先生「その意気だよ、はなこちゃん。がんばって！」

たろうくん「（はなこちゃんのその自信は一体どこから来るのだろう……。よく分からないけど羨ましいなあ……）」

## 5年3組の勢力図　第22章

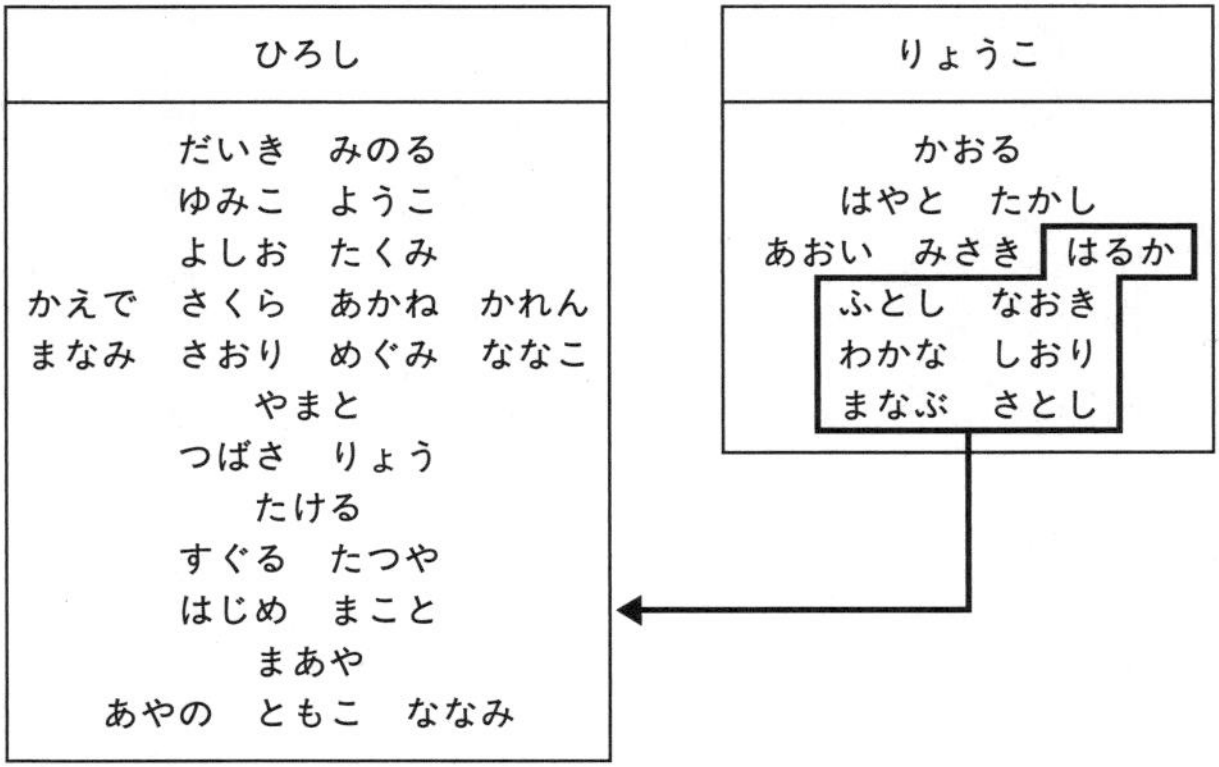
ひろし
だいき　みのる
ゆみこ　ようこ
よしお　たくみ
かえで　さくら　あかね　かれん
まなみ　さおり　めぐみ　ななこ
やまと
つばさ　りょう
たける
すぐる　たつや
はじめ　まこと
まあや
あやの　ともこ　ななみ
りょうこ
かおる
はやと　たかし
あおい　みさき　はるか
ふとし　なおき
わかな　しおり
まなぶ　さとし

# 第23章　運命に打ち勝つには

## ――女帝堕つ、運命に見放されたりょうこちゃん

運動会、雪合戦、福笑いと三度の勝負に敗れ、後がなくなったりょうこちゃん。グループのメンバーもわずか6人にまで減少し、とてもひろしくんに太刀打ちできる状態ではありませんでした。

しかし、一方のひろしくんも手が詰まっていました。りょうこちゃんにはかおるくんという強い絆で結ばれた配下がいるため、彼女のグループを完全に吸収するためには、何か決定的な一打が必要だったのです。ひろしくんが三学期に学級代表となることは確実でしたが、その立場をもってしても、彼女に加える最後の一撃が思いつかなかったのです。

お互いにそのような思惑を秘めながら登校した三学期初日。クラスに見たことのない女性教師が入ってきました。5年3組は突然の闖入者《ちんにゅうしゃ》に騒然とします。

「はいはーい、静かにー」

見知らぬ先生は厳しい口調で子供たちを静め、黒板に「佐務尊子（さむたかこ）」と書きました（子供たちは程なくして彼女のことを「さむそん先生」と呼ぶようになったため、これからはそれに倣《なら》って表記します）。そして、さむそん先生は、自分が一文字先生の産休のため、代理でやってきた産休教師であることを告げました。年の頃は三十路を少し過ぎた辺りでしょうか。するどい目線と厳しい表情が、彼女が一文字先生のような放任主義の甘い先生ではなく、厳格で生真面目な教師であることを物語っていました。りょうこちゃんは戸惑います。彼女ほどの力量をもってしても、担任が突然変わるという不測の事態に、すぐには対処できなかったのです。

子供たちが下校した後、さむそん先生は職員室で一文字先生のこれまでの授業進行を確認し、苦々しく舌打ちしました。ペースがあまりに遅すぎたのです。良くも悪くも悠《ゆう》揚《よう》で、あまり物事を深く考えない一文字先生は、授業を分かりやすくゆっくりと進めていたので、これを今から普通のペースに戻したとしても、他のクラスにはとても追い付けそうになかったのです。さむそん先生は、仕方なく図画工作や書道にかける時間を短縮することで、これに対処しようと考えました。このことが子供たちの三学期に大きな影響を与えることになるのです。そう、運命はまさに転がり始めていたのです。

担任が代わったとはいえ、りょうこちゃんにできることは一つでした。ひろしくんと真っ向から戦うだけの戦力がない以上、自分のグループからこれ以上の流出を防ぐため、これまで以上に勉強や運動に力を入れて地力を付け、クラスメートが自分に尊敬を抱くよう地道に努力しなければなりません。また、隙あらばひろしくんグループの内部破壊を狙い、その勢力を削ぎ取っていくのも大切です。幸い、三学期にはバレンタインデーという彼女にとって狙い目のイベントもあります。ここで、ひろしくんグループのよしおくんやつばさくん、りょうくん、たけるくん、まなぶくんなどの有力者にチョコレートを贈り、甘い言葉を弄して懐柔し、内部に混乱を起こすことができれば、一時的とはいえ、ひろしくんの動きを止めることができるでしょう。さらにいえば、もし、彼らを舌先三寸で丸め込み、グループから離脱させることまで成功できたなら、5年3組は元の群雄割拠へと逆戻りし、彼女にも再起の目が出てくるのです。

これが今の彼女にできる最良の行動でした。しかし、運命はすでに彼女の味方ではありませんでした。運命に弄《もてあそ》ばれたりょうこちゃんは、やることなすこと悲しいまでに悲惨な結果を招いていくのです。

転落の第一歩は掃除時間に起こりました。前にも書いた通り、これまで彼女のグループは、一見綺麗になったかに見える程度に掃除を行い、実際はほとんどの時間をさぼって遊んでいました。これは腕白なかおるくんを繋ぎ止めておくために必要な措置だったのです。

そして、このやり方は一文字先生の時代であれば何の問題もありませんでした。大雑把な一文字先生は、掃除が終わった後、軽く各所を見て回るだけであり、りょうこちゃんたちがさぼっていたことなど全く気が付かなかったのです。

ですが、さむそん先生に同じ手は通じません。神経質なさむそん先生は、掃除時間中も各グループの掃除状況を見回るために、あっちこっちとせわしなく歩き回っていたのです。これまで上手くいっていたため、先生の見回りなど全く警戒していなかったりょうこちゃんたちは、当然さむそん先生に遊んでいるところを咎《とが》められ、こっぴどく叱られてしまいました。りょうこちゃんは半べそです。

その一方、ひろしくんグループはさむそん先生の監視を巧みにかわし続けました。彼らもやはり掃除をさぼっていたのですが、用兵に長けたひろしくんは教室やベランダ、渡り廊下などに見張り要員を設置し、彼らからの手旗信号を受けることで先生の動向を完全に把握していたのです。そして、先生が近づいてきた報告を受けると、彼らはすぐに掃除用具を手に取り、さも一生懸命掃除しているかのように振舞ったのです。さむそん先生も彼らの組織的なさぼりまでは見抜くことができませんでした。

りょうこちゃんグループのメンバーは、彼女の指揮に従ったにもかかわらず先生に怒られてしまい、りょうこちゃんの力量を疑います。反対に、完全な指揮の下、さむそん先生の追及を巧みにかわしたひろしくんの力量に尊敬を抱き、はやとくんとたかしくんはひろしくんグループへと流れていってしまいました。この失敗で彼女はまず二人の配下を失ったのです。

次の転落劇は駄菓子屋において起こりました。クラスメートのみんなは、冬の間は学校のすぐ近くにある駄菓子屋「いもら」で下校中に買い食いをしていました。もちろん下校中の買い食いが校則違反であることは言うまでもありません。「いもら」は学校から一本道を挟んだだけの、本当にすぐ近くにある駄菓子屋です。子供たちが帰りに買い食いをしているという話は、すぐにさむそん先生の耳に入ります。これまで一文字先生は、その鷹揚《おうよう》な性格ゆえに、このことを特に問題視していませんでしたが、厳格で生真面目なさむそん先生には校則違反が許せません。さっそく下校時間に「いもら」へ張りつき、そこで買い食いをしている自分の生徒たちを捕まえたのです。

しかし、このときひろしくんグループの子供たちは、みんなランドセルを持っていませんでした。ひろしくんの指示により、「いもら」のすぐ近くにあるゆみこちゃんの家に全員の荷物を置いてから買い食いしていたのです。これにより、彼らは「一度家に帰ってから来ている」という言い訳が成り立ち、さむそん先生の追及をかわすことができたのでした。さむそん先生も、こんなに早く帰宅できるわけがないとは思いましたが、現に彼らがランドセルを持っていないのですから、それ以上追及することもできなかったのです。

悲惨だったのはりょうこちゃんたちです。彼女らは全員ランドセルを置いておらず、下校途中だということがバレバレでした。さむそん先生は納得いかないひろしくんたちの分まで、りょうこちゃんたちを叱り飛ばします。さむそん先生の語気からは「掃除時間といい、またあなたなの⁉」という苛立ちがハッキリと感じられました。りょうこちゃんはすっかり「素行の悪い子」扱いです。ついこないだまで彼女は学級代表であり、クラスメートの信望も厚く、勉強も運動もこなせた5年3組の中心的存在であったのに、これは余りに無惨な凋落《ちょうらく》でした。彼女の自尊心もボロボロです。あれほど自信に溢れ、光り輝いていた彼女が今ではすっかり打ちのめされて肩を落としています。幾度もの失敗は、彼女から権力への野望も奪い去り、その瞳からは情熱の炎が消え去りました。今の意気消沈したりょうこちゃんは、クラスでも地味な女の子にしか見えません。ほしいままに権勢を揮っていた彼女のかつての姿はどこにもないのです。

見る影もなく落ちぶれた彼女に愛想を尽かしたのか、はたまた、このような事態をも想定していたひろしくんの力量に感服したのか、あおいちゃんとみさきちゃんまでもがりょうこちゃんのグループを離れていってしまいました。そして、とうとう彼女のグループはりょうこちゃんとかおるくんの、ただ二人だけになってしまったのです。

りょうこちゃんと一緒に二度もこっぴどく先生に叱られたかおるくんでしたが、それでも彼はりょうこちゃんを見捨てたりはしませんでした。しくしく泣いている彼女を慰め、「きみにはまだバレンタインデーがあるじゃないか、そこでみんなにチョコを贈ればきっと盛り返せるよ」と励ましもしました。これまで女帝として君臨し、全ての人間を己の下僕としか考えていなかった彼女も、この苦しい時期に慰めてくれたかおるくんにはさすがに心がほだされました。そして、それは彼女の心に初めて愛が芽生えた瞬間でもあったのです。

ところで、話は変わりますが、三学期は図画工作の授業で版画を作ることになっていました。りょうこちゃんは、このような機会に丁寧で独創的な作品を作り上げ、クラスメートに作品を認められることで少しでも人望を回復しなければなりません。一作を丁寧に仕上げたくらいで誰かが帰順するほど小学校は甘い世界ではありませんが、それでもこのような機会を地道に押さえていかねばならないのも、また事実です。りょうこちゃんはさっそく様々な版画集を買い集め、それらを研究し、完璧な構図を描き、版画製作に丁寧にじっくりと取り組んだのでした。

ですが、これも裏目に出ます。先にも述べた通り、さむそん先生は授業進行の遅れを気にするあまり、図画工作などへ掛ける時間を大幅に減らそうと考えていたのです。ひろしくんは、国語や算数の授業を駆け足で進める先生の態度から、今後、図画工作の時間が短縮されるであろうことに薄々勘付いていました。彼も今までは丁寧に作品を仕上げクラスメートの人望を集めてきたのですが、今回はそういった事情により、むしろ大雑把でも良いから、とにかく早く作品を仕上げることにしたのです。

　ひろしくんの予感は的中します。さむそん先生が割り当てた図画工作の時間は余りにも少ないものでした。これでは、とても丁寧に作品を仕上げることなどできません。果たせるかな。駆け足で作業を進めたひろしくんは、何とか時間内に終わらせることができましたが、丁寧に作品を作っていたりょうこちゃんはとても終わらせることができません。結局、りょうこちゃんは毎日居残りで図画工作をさせられることになったのです。さむそん先生は「この子は掃除はさぼるし、買い食いはするし、図画工作を作るのは遅いし、なんて手の掛かる子なのかしら」と嫌悪感をあらわにしています。さむそん先生の敵意に晒され、りょうこちゃんは半べそです。そして、放課後に遊ぶ相手のいなくなったかおるくんは、一人公園のブランコに乗ったり、壁に向かってキャッチボールをしたりと、寂しい日々を過ごしていました。それでも、かおるくんはりょうこちゃんを待ち続けていたのです。

　そして、2月14日、バレンタインデーがやってきました。しかし、りょうこちゃんは今日も居残りです。かおるくんはいつもの公園で、キーコキーコと一人寂しくブランコをこいでいました。腕白なかおるくんも、放課後一人遊びの日々が続き、すっかり意気消沈していきます。りょうこちゃんの右腕として辣腕《らつわん》を揮った、彼のかつての面影はどこにもありません。

ブランコに座り、俯《うつむ》くかおるくんの前に、にわかにたくさんの影が立ち並びます。顔をあげるかおるくん。そこにいたのは、総勢38人、ひろしくんの大グループです。ひろしくんが一人ツカツカと進み出ます。

「やあ、かおるくん。一人は退屈だろう。さあ、僕たちと一緒に遊ぼうよ。僕たちは38人もいるんだ。みんなで遊べば、きっと楽しいよ……」

それでも……きみたちの中にりょうこちゃんはいないじゃないか。一度は面《おもて》を下げたかおるくん。しかし、かおるくんも、もう限界だったのです。彼のような腕白な男の子が、もう二週間近くも一人遊びを続けていたのです。

……しばらくの沈黙が流れます。子供たちは誰一人として声を発しません。別の子供たちのはしゃぐ声だけが公園に響いています。

ごめん、りょうこちゃん……。誰にも聞き取ることはできませんでしたが、かおるくんの唇は確かにそう呟《つぶや》きました。かおるくんがすっくと立ち上がります。

「ひろしくん……僕も仲間に入れてくれるかい?」

かおるくんの瞳から一粒の涙がこぼれました。それは彼が敗北を認めた、何よりの証拠だったのです。

「もちろんさ、かおるくん」

ひろしくんはニタリと汚い笑顔を浮かべ、かおるくんの手を取りました。ついに、りょうこちゃんの右腕として知られた、あのかおるくんまでもがひろしくんの手中に落ちたのです。

それから、彼らは39人で楽しく遊びました。缶けりにドッジボール、ケイドロにキックベース。彼らは思いつく限りの遊びを楽しみました。久しぶりにみんなと遊んだかおるくんも、その楽しさに笑顔がこぼれます。今までのいさかいは忘れ、彼らは共にこの時間を共有し、心地よい汗を流したのでした。

楽しい時間はあっという間に過ぎ去ります。彼らがひとしきり遊んで一息ついた頃、辺りはすでに薄暗くなっており、まもなく公園に備え付けられたスピーカーから物悲しい音楽が流れ出しました。この音楽は子供たちが家に帰るべき時間に流されるもので、これが流れたら児童は速やかに家に帰るよう、校則で定められていたのでした。

りょうこちゃん、結局来なかったな……。かおるくんの心にふっと寂しい風が吹き抜けました。しかし、もう家に帰らなければなりません。

「ひろしくん、今日はありがとう……。また、明日も遊んでくれるかい？」

ひろしくんは、今度は汚くない笑顔を浮かべて応えます。

「もちろんだよ、僕たちは友達じゃないか」

かおるくんも笑います。この時の二人の笑顔は、子供らしい屈託のない笑顔でした。

「じゃあ、僕はもう帰らなきゃいけないから……」

そう言って、背を向け歩き出そうとしたかおるくんの右手を、ひろしくんが後ろから掴み、引き留めます。とても強い力です。彼のどこにこんな強い力があったというのでしょうか。

「かおるくん、きみはまだ帰れないんだ。もうしばらく、ここで待っていてもらうよ……」

ひろしくんはそういってニタリと笑いました。

「ひろしくん……きみは一体……」

突然の事態に混乱しながらも、かおるくんはひろしくんの言う通り待つことにします。すると、少し経った頃、公園の入り口から一人の女の子が泣きながら走ってくるではありませんか。そう、それは他でもない、りょうこちゃんです！

「ひろしくん、きみはりょうこちゃんに何をしたんだ！」

激昂するかおるくん。しかし、ひろしくんはかおるくんの言葉に取り合わず、ただニヤ、ニヤと笑うばかりです。かおるくんがこぶしを固め、ひろしくんに殴りかかろうとした、まさにその時！　りょうこちゃんがかおるくんの胸に飛び込み、彼を強く抱きしめたのです！　彼女の手には、たったひとつだけ、チョコレートが握られていました。

「かおるくん！　いまみのるくんが来て、かおるくんが公園にいるって教えてくれたの！」

「みのるくん⁉　ひろしくんの親友のみのるくんがどうして⁉」

　ハッとしてひろしくんを見上げるかおるくん。ひろしくんは、今まで見たこともないような、優しげな笑顔をたたえていました。

「私、かおるくんがもう家に帰っちゃったんじゃないかと思って……。だから……急いで走ってきたの！　これを！　これをかおるくんに渡したくって……！」

　そう言って、りょうこちゃんはかおるくんにチョコレートを差し出します。強く握り締めて走って来たのでしょう。手作りと思われる彼女のチョコレートは歪み、ハートの形は醜く崩れていました。

「ごめんなさい……。こんな汚いチョコレート、かおるくん、イヤだよね……」

「そんなこと、そんなことないよ、りょうこちゃん！　でも、きみは……よしおくんやつばさくんたちにチョコを渡さなくていいのかい？　それに、僕は今日ひろしくんたちと一緒に遊んでしまったんだ……。それでも、それでもきみはいいのかい……⁉」

「いいの！　私、かおるくんが好き！　かおるくんが大好き！　かおるくんが誰と一緒にいたってかまわない！　私は、かおるくんと一緒にいたいの！」

「りょうこちゃん……」

　かおるくんはりょうこちゃんの手からチョコレートを受け取りました。それは、溶けて歪んではいましたが、しかし、紛れもない彼女の愛の証なのです。かおるくんは強く彼女を抱きしめました。ひろしくんが、そんな二人を祝福するかのように拍手を送ります。続いてだいきくんが、みのるくんが、よしおくんが、さくらちゃんが、二人に拍手を送ります。ひろしくんが一歩進み出ます。

「りょうこちゃん、かおるくん……おめでとう」

おめでとう、おめでとう。だいきくんも、みのるくんも、かえでちゃんも、まなみちゃんも、やまとくんも、つばさくんも、たけるくんも、はじめくんも、まことくんも、まあやちゃんも、みんなみんな、二人を称えます。おめでとう、おめでとう。その間も拍手はどんどん大きくなっていき、二人を囲む38人が、最後には一斉に喝采を送りました。そのとき、かおるくんの胸で泣きじゃくっていたりょうこちゃんの瞳から、大粒の涙が一粒頬を伝いました。

「ひろしくん……ありがとう……」

二人を取り囲む喝采はここで最高潮を迎え、38人のクラスメートに包まれた二人は、その輪の中で、強く、強く互いを抱き締めました。そして、これが5年3組がひろしくんの下へ統一された瞬間となったのです。

**はなこちゃん**「ば、ばかね……りょうこちゃん。男なんかに流され、権力への野望を忘れるなんて……。この子は、この子は本当にばかよ！」

**たろうくん**「あれ？　はなこちゃん……もしかして、泣いてるの？」

**はなこちゃん**「な、なにを言ってるの、たろうくん!?　私が、こんな話で泣くわけないじゃない。ぐすん」

**ふくろう先生**「はいはい、いいかい二人とも。ここで大切なのは運命が逆境に転じた時にどうするか、ということだよ。それまでは運命がその人に味方していて何をやるにも問題はなかった。けど、運命が敵に回り様々な問題が生じてきた時、それにどう対処するかが重要なんだ。ひろしくんもりょうこちゃんも、それまでは大雑把な一文字先生が担任だったから、掃除をさぼったり買い食いをしたりと、結構好き勝手にやってこられたよね。でも、厳格なさむそん先生に代わってからはそんなことはできなくなってしまった。さあ、どうするか。今回の問題はそこだよ」

たろうくん「そうですね。りょうこちゃんはこっぴどく叱られてしまいましたし。でもひろしくんはさむそん先生の時代でも掃除をさぼったり買い食いしたりしてたじゃないですか」

ふくろう先生「そう、それはひろしくんが掃除時間中に見張りを立てたり、一度ランドセルを置いてから買い食いをするなど、何かしら対策を打っていたからだよ。これらの対策は別にさむそん先生に代わってから採用したわけじゃない。ひろしくんは一文字先生の頃からこのような対策を行っていたんだ。確かに、運命というのは天が定めたものであり、人の力ではどうしようもないものだよ。先生という存在も小学生がどうこうできない相手だから、運命と同じようなものだね。でも、だからといって何も手が打てないわけじゃないんだ。自分に不利な運命、つまり厳格な先生がやって来たときでも対処できるよう、問題の起こっていない一文字先生の時から対策を整えておくのが大切なんだ」

はなこちゃん「りょうこちゃんの失敗は、一文字先生の担任が代わることなんてないと思い込み、他の先生に突然代わるという不測の事態に対し、備えを怠《おこた》っていたことにあるのね」

**ふくろう先生**「そうだね、はなこちゃん。人間というものは順風満帆な時には、嵐が起こることを想像できないものなんだ。この平穏がいつまでも続くと思いがちなんだよ。りょうこちゃんほどの力量の持ち主であっても、このミスは免れなかったんだ。さらに言うと、りょうこちゃんはこれまで図画工作にて、丁寧で質の高い作品を作り上げて、みんなの人望を集め、成功してきたんだよね。彼女の中では『図画工作は丁寧にやれば成功する』という経験則ができあがっていたんだ。ところが状況は変わり、図画工作は質の高さよりも出来上がりの早さを重要視される局面になった。けれど、りょうこちゃんは今まで丁寧に作って上手くやってきたという自負があったため、この状況の変化に対応できず、やっぱり丁寧に時間をかけて作ってしまったんだ。その結果、放課後の時間を図画工作に縛られてしまい、かおるくんを失うことになってしまったんだね」

**たろうくん**「今までそれで成功してきたやり方であっても、状況が変われば固執するべきではない、ということですか？」

**ふくろう先生**「そういうことだね。けど、これまではそれで成功してきたわけだから、態度を変化させるのは本当に難しい。たとえ周りの人が態度を改めるように言っても、本人はなかなか納得しないだろうしね。しかし、そこで態度を改めることができるのが本当に立派な君主なんだ。運命は必ずどこかで変転するのだから、それに合わせて人も態度や考え方、行動などを柔軟に変化させなきゃいけないんだよ。この最大の難関は、ありょうこちゃんですらクリアできなかったんだ」

**はなこちゃん**「分かりました、ふくろう先生。これは確かにとても難しいことで、この私ですら自信はありません。でも、立派なマキャベリストになるため、がんばりたいと思います！」

**たろうくん**「僕も立派なマキャベリストになるためがんばるよ！」

**ふくろう先生**「その意気だよ、二人とも！　先生からきみたちに教えられるマキャベリズムはこれで全てだよ。これまで学んだことを活かして、二人とも立派な君主を目指してね。じゃあ最後に、5年3組を統一した後のひろしくんたちを見ていこうね！」

# 5年3組の勢力図　第23章

ひろし

だいき　みのる
ゆみこ　ようこ
よしお　たくみ
かえで　さくら　あかね　かれん
まなみ　さおり　めぐみ　ななこ
やまと
つばさ　りょう
たける
すぐる　たつや
はじめ　まこと
まあや
あやの　ともこ　ななみ
はるか
ふとし　なおき
わかな　しおり
まなぶ　さとし

りょうこ

かおる
はやと　たかし
あおい　みさき

# エピローグ　5年3組統一
## ――ひろしくんの勝利

りょうこちゃんをも破り、ついにクラスメートの全てを従えたひろしくん。彼は名実共に5年3組の専制君主としてクラスに君臨したのでした。

ひろしくんはクラスをよく治め、誰に対しても公平であり、温情をかけ、時に厳しく、時に優しく、誰からも慕われ、怖れられました。ひろしくんはたけるくんやまなぶくん、まあやちゃんにかえでちゃんといった有力者たちを抑えつけ、彼らが反乱を起こさないよう厳重な注意を怠りませんでした。そのため、ひろしくんの治世ではクラスは極めて安定し、誰もが平和を楽しむことができたのです。りょうこちゃんもかおるくんへの愛を打ち明けた後はすっかり穏やかになってしまい、もはやひろしくんを脅かす存在ではなくなっていました。

5年生から6年生へと進級する時にクラス替えはありません。ひろしくんたちはそのままのメンバーで6年生へと進級し、そして、ひろしくんは引き続き6年3組の専制君主として君臨しました。一文字先生も産休を終え、無事クラスへと戻ってきました。先生も、子供たちの表情が穏やかで、以前の張り詰めた空気が消え失せていたことにさぞ驚いたことでしょう。ひろしくんに統一された今となっては、彼らに争い合う理由などないのです。

6年3組はひろしくんの治世の下、よく学び、よく遊び、ドッジボール大会や、運動会など、クラス単位の行事では一丸となってこれに当たり、素晴らしい成績を残しました。クラスの誰もがひろしくんの指揮能力を疑わず、みんな喜んで彼に従い、ことあるごとにひろしくんの助言を求め、また、ひろしくんもクラスメート全員を大切にしました。こうして、ひろしくんたち6年3組の一年間は至福に包まれて過ぎていったのです。それが6年3組の40人全員にとって、最高の一年間であったことは間違いありません。

そして、ついに彼らにも巣立ちの時、卒業式が訪れました。みんな、ひろしくんとの別れを惜しみ、涙をたたえています。ひろしくんは、県内でも屈指の進学校へ、一人進学することが決まっていたのでした。

「きみと最初に友達になれて良かったよ」

だいきくんが手を差し伸べます。ひろしくんは彼の手を強く握り返し、僕もさ、と応えます。

「5年生の最初の日、覚えてるかな。僕たちが初めて友達になった時のことを」

忘れるわけがないよ、みのるくん。ひろしくんはみのるくんの手を取り、強く握り返します。

「駄菓子屋『みらの』。良いお店ね」

ゆみこちゃんの手を握り返します。

「私は、道に迷った時、ひろしくんが心強かったよ」

と、ようこちゃん。

「僕はやっぱりきみと一緒にいる方が気が楽だったね」

たかしくん。

「いつも放課後が楽しみでわくわくしていたよ」

はやとくん。

「きみは僕にできないことを平然とやってのけたね、そこにしびれて憧れたんだ」

よしおくん。

「きついことばっかり言っててごめんなさい。でも楽しかったよ」

あおいちゃん。

「私、ひろしくんとはとっても気が合ってたと思うの！」

みさきちゃん。

「私たちと一緒に遊んでくれてありがとう」

はるかちゃん。

「お兄ちゃんにも自慢したんだ。最高の友達がいる、ってね」

すぐるくん。

「修学旅行の時、酔い止めをくれてありがとう」

あやのちゃん。

「私も、社会科見学で酔い止めくれてありがとう」

わかなちゃん。

「結局、ひろしくんには勝てなかったわね」

さくらちゃん。

「あたし、本当は、ひろしくんのことが……ううん、なんでもないの。テヘッ」

かえでちゃん。

「ムフー、きみと食べた給食が最高においしかったよ」

ふとしくん。

「運動も勉強もできたひろしくんは僕の憧れだったんだ」

はじめくん。

「僕もひろしくんの勇気を見習うよ！」

なおきくん。

「給食はやっぱりゆっくり食べなきゃね」

ななみちゃん。

「いつか一緒にプリンを食べましょう」

まあやちゃん。

「ひろしくんのチーム、すごかったよ」

まなみちゃん。

「今度は同じチームでオリエンテーリングしたいな」

かれんちゃん。

「大人になっても一緒に遊ぼうね」

ななこちゃん。

「今度は実力で、きみと一緒に走ってみせるよ」

まなぶくん。

「ひろしくんを見て、努力の大切さを学んだんだ」

さとしくん。

「あの時は言えなくてごめんね。でも、ありがとう」

さおりちゃん。

「終わりの会、何もかもが懐かしいわ」

あかねちゃん。

「もうエロスはほどほどにするよ」

たくみくん。

「きみとの騎馬戦は忘れられないよ」

やまとくん。

「へへっ、ひろしくんとの運動会、楽しかったぜ」

りょうくん。

「僕もだ。あの大玉転がしは、久々に胸が熱くなったぜ！」

つばさくん。

「雪合戦をやるならまた呼んでくれよ」

たけるくん。

「今度はおっきな雪だるま作ろうぜ」

たつやくん。

「雪の降る頃また会えるかな」

ともこちゃん。

「新年会、楽しかったね」

めぐみちゃん。

「ひろしくんの福笑い、最高だったよ」

しおりちゃん。

「福笑いで、僕は自分のセンスに自信が持てたんだ」

まことくん。

そして、かおるくんがひろしくんの手を取ります。

「あのとき、きみがこの手を握ってくれなければ、僕はりょうこちゃんを待つことはできなかった。ひろしくん、きみとはいろいろあったけれど、でも、この二年間は最高だったよ」

二人は情熱的な握手をかわしました。二人の握手を、りょうこちゃんの両手が包みます。

「ひろしくん、私はあなたに大切なことを教わったわ。そう、人を愛するということを。あなたに会うまで、私は愛を知らなかった。でも、今なら人を慈《いつく》しむことができる。大切に思うことのできる人がいる」

そう言って、りょうこちゃんはかおるくんと目を合わせ、にっこりと笑いました。それは本当に少女らしい、屈託のない笑顔でした。

「私に愛を教えてくれた人。ありがとう、ひろしくん。そして、さようなら……」

りょうこちゃんとかおるくんが、ひろしくんから手を離します。

ひろしくんは照れくさそうに笑ったあと、彼らに背を向け、校門へ向かってゆっくりと歩き出します。ひろしくん、ひろしくーん！　背中にみんなの声を受けながら、ひろしくんは夕暮れの薄闇の中へと消えてゆきました。

しかし、ひろしくんの戦いはこれで終わったわけではありません。中学では、5年3組よりも激しい君主争いが待ちうけていることでしょう。そして、ひろしくんの戦いは、高校でも、大学でも、大人になっても、決して終わることはないのです。ですが、彼には何も恐れるものはありません。困った時にはいつでも彼の味方となり、適切な助言をくれる心強い一冊が、常に彼の懐中にあるからです。そう、その本の名を『君主論』と言います。

## 5年3組の勢力図　エピローグ

| ひろし |
|---|
| だいき　みのる<br>ゆみこ　ようこ<br>よしお　たくみ<br>かえで　さくら　あかね　かれん<br>まなみ　さおり　めぐみ　ななこ<br>やまと<br>つばさ　りょう<br>たける<br>すぐる　たつや<br>はじめ　まこと<br>まあや<br>あやの　ともこ　ななみ<br>あおい　みさき　はるか<br>ふとし　なおき<br>わかな　しおり<br>まなぶ　さとし<br>はやと　たかし<br>りょうこ　かおる |

# あとがき

架神恭介、辰巳一世が、このような形で君主論の解説書を執筆した理由。

一、君主論は読んでみるとすごく笑えて面白いのに、タイトルがつまらなそうだからみんな読まないのがもったいないと思ったので（両名）

二、昨今の君主論の扱い方はビジネス書における応用ばかりだが、それではビジネスに関心がない人は君主論に触れる機会がないため（両名）

三、ビジネス書に描かれた実用の知としてのマキャベリズムでは、イマイチ笑えないため（両名）

四、マキャベリズムに対する、一般的な概念、先入観を打破し、正しいマキャベリズムの姿を広めたかったので（両名）

五、名著の解説書の類はどれも難しかったり、読むのが面倒だったりするが、もっと気軽な気持ちで読める本があっても良いと思ったので（両名）

六、マキャベリズムという言葉に興味がある人も多いと思うので、簡単で読みやすい解説書を書けば売れると思ったから（両名）

七、マスコミやＰＴＡが有害図書としてバッシングしてくれれば、話題になって売れると思ったので（両名）

八、小学生たちが権謀術数を駆使する姿を想像すると面白かったので（両名）

九、マキャベリは就職活動の一環として君主論を書いたのだから、自分も君主論の本を書けば就職できると思ったので（辰巳）※２００７年メーカーに就職

本書の執筆にご協力頂いた中澤桂さん。ならびに、本書の解説を快く引き受けて下さったニコロ・マキャベリ先生。御二方とも、誠にありがとうございました。

# 解説

ニコロ・マキャベリ

まず始めに。我が輩の書が、遥か極東の日本のサルどもに愛読されていることを知り、大変喜ばしく感じている。

我が輩は生前、イタリア諸国家の運命を危惧し、情熱をもって我が歴史的名著『君主論』を書き上げた。当時のイタリアはヴェネツィア共和国、ジェノヴァ共和国、フィレンツェ共和国、教皇領などが対立し、愚にも付かぬ抗争の中に一時の均衡を得ていたが、このような小国乱立状態では外国勢力の侵略の前に為すすべもない。イタリアは強力な君主による早急な統一を必要としており、外国勢力へ対抗しうる強力な国家へと生まれ変わることこそが急務であった。

そこで、我が輩は『君主論』をウルビーノ公ロレンツォ・デ・メディチに献上した。一五一六年のことである。我が輩のこの書さえあれば、ロレンツォの若僧でもイタリア統一を為しうるだろうと期待したのであるが、あのメディチ家のアホは我が輩の書に目も通さぬうちに梅毒でくたばりおった。コンドームを付けないからである。なぜコンドームを付けないのか。我が輩は確かに対外戦争において城砦は役立たぬと書いたが、股間の対外戦争に城砦は欠くべからざるものである。だが、なんにせよ、己の一物一つ守れぬ男にイタリアが守れるはずもなかった。あのようなアホに期待を懸けた我が輩の不見識であった。その後、イタリアは実際にナポレオンに征服されるのであるが、これもロレンツォのアホがコンドームをつけなかったせいである。

我が輩の死後、一五三二年に『君主論』は刊行されたが、その後も世界中のバカどものせいで、まったく散々な評価をされたものである。カトリック教会には禁書にされて焼き払われるわ、フリードリヒ大王にはねちねちと一章ごとにケチを付けられるわ、たまったものではない。読んでもいないのにしたり顔で批判し始める馬鹿たれまで現れてくる始末である。むろん、既に本書に触れた賢明な読者諸君は、我が輩の書が決してあのような下劣な評価を受けるべきものではなく、公明正大、理路整然、合理的、理性的、かつ、下々の者への愛に溢れた政治書であり、余人が非難すべきところなど、ただの一つもなかったことを当然理解していると思うが。「極悪非道は一回限りで済ませるように」と大変人道的な指導もしているのに、なぜ我が輩の書が「悪魔の所産」などと呼ばれねばならぬのか。痴れ者どもの思考回路など我が輩には到底理解できるものではない。

だが、そのようなボンクラどもでも、時代が進むにつれ、ようやく我が輩の先進的思考を少しは理解できるようになったらしく、『君主論』も現代では世界的名著として通っていると聞く。我が輩の為した仕事の質を思えば、ごく当然、当たり前の結果ではあるが、まさか諸君らの如き極東のサルにまで愛読されているとは、明晰で知られた我が頭脳でも流石に思いも及ばぬところであった。しかし、『君主論』は極めて的確、かつ、コンパクトにまとめられた、平易この上ない実践書であるため、諸君らの如きサルが読解できたとしても、何ら不思議でないことも確かである。

我が輩の『君主論』は、文学として見てもまことに比類なき、人類の至宝とも言うべきものであるが、ただの読み物ではなく、実践的な政治書としてもその力を遺憾なく発揮しているようである。現に多くの君主たちが我が輩の書に助けられ、その力量以上の結果を成しえたと聞く。国民軍を指揮し、帝王にまで上り詰めたナポレオンなども、我が輩の書なくして、あのような偉業を達しえたとは到底思えぬ。また、悪評を恐れず覇道を邁進した織田信長、焚書によって批判を封殺した始皇帝、軍備の強化に余念のなかったチンギス・ハン、傭兵に頼らず自力で世紀末覇者を目指したラオウなどの英雄たちも、全て我が『君主論』によって、その名声を得たのである。彼らが我が輩の書を読んだかどうかは知らぬ。だが、常識的に考えて、我が書の助けなくしてあのような偉業を成しうるはずもないだろう。

このように、ようやく本来あるべき評価を得るに至った我が輩の『君主論』であるが、いまだ納得のいかぬ点もいくつかある。その一つが、我が輩の書が小学校教育に用いられていないことである。これほど平易で洗練された知恵をなぜ子供の頃から教え込まぬのか。この機会損失はもはや児童虐待と言っても過言ではない。

また、よく誤解されるところであるが、我が輩は本質的には共和主義者だ。そして、諸君らの国家も民主共和制であると聞く(サルのくせに共和制とは大したものだ!)。しかし、民主共和制であればこそ、国民一人一人が考える力を持たねば、それはすぐに衆愚政治へと堕してしまうであろう。そのためにも、やはり我が輩の正しい政治思想を、子供のうちから脳裏に焼き付ける必要があるのだ。諸君! 想像して欲しい。極悪非道をたった一回で終わらせる心優しい子供たちを。他人の悪評に怯えることのない強い子供たちを。そして、敵を自力で踏みにじる元気な子供たちを! そんな子供たちにより運営される、正しい民主国家の姿を想像して欲しい! そのためにも、我が輩の『君主論』こそ、小学生のうちから学ばれるべき書物なのである。

今回、極東の名も知らぬサル二人が書いた『よいこの君主論』の解説を頼まれ、血の池地獄に浸かりながらこれを斜め読みしてみたが、まったく我が名著の足元にも及ばぬ凡庸極まる作品であった。しかし、我が輩の書を下敷きにしているだけあり、それなりに公明正大、理路整然、合理的、理性的、人道的なものであったと言えよう。また、我が輩の書を小学生にも分かるよう解説しようとした、その心意気だけは買ってやっても良いかと思い、面倒至極なことではあるが、特別にこうして筆を取ってやった次第である。当然、本書は全国小学校にて教材として用いられ、週二十五時間を掛け六年間を通じて学ばれていく運びとなるであろうが、彼らが参政権を得る十五年後には、今とは比べようもない、見違えるほど素晴らしい国となっていることを我が輩が保証しよう。未来の諸君らの輝かしい笑顔を瞼の裏に浮かばせながら、筆を措《お》くことにする。

本書は二〇〇六年三月に、シンコーミュージック・エンタテイメントより
刊行された（原題『完全覇道マニュアル――はじめてのマキャベリズム』）。

ちくま文庫

よいこの君主論《くんしゅろん》

二〇〇九年五月十日　第一刷発行
二〇二一年九月十日　第十五刷発行

著者　架神恭介（かがみ・きょうすけ）
　　　辰巳一世（たつみ・いっせい）

発行者　喜入冬子
発行所　株式会社　筑摩書房
東京都台東区蔵前二―五―三　〒一一一―八七五五
電話番号　〇三―五六八七―二六〇一（代表）
装幀者　安野光雅
印刷所　中央精版印刷株式会社
製本所　中央精版印刷株式会社


ISBN978-4-480-42599-7　C0195